Compétences

COMPRÉHENSION ÉCRITE

NIVEAU 2

Sylvie Poisson-Quinton
Reine Mimran

A2

www.cle-international.com

Crédits photographiques

P. 8 : de gauche à droite et de haut en bas ; a) *Dictionnaires Le Robert* – avec l'aimable contribution des éditions Le Robert ; b) © Geluck ; c) © Feng Yu/Adobe Stock ; d) © jdjuanci/Adobe Stock ; **p.14** : de gauche à droite et de haut en bas ; a) © WavebreakmediaMicro/Adobe Stock ; b) © sumnersgraphicsinc/Adobe Stock ; c) © rh2010/ Adobe Stock ; d) © Frog 974/Adobe Stock – **p. 19** © Africa Studio/Adobe Stock – **p. 25** © goodluz/Adobe Stock – **p.26** © Monkey Business/Adobe Stock – **p.28** © WavebreakmediaMicro/Adobe Stock – **p. 30** (haut) Légende : *Rue Censier, vue prise de la rue de l'Orangerie. Paris (V^e arr.), 1865-1868. Photographie de Charles Marville (1813-1879). Paris, musée Carnavalet.* © Charles Marville/Musée Carnavalet/Roger-Viollet ; **p. 30** (bas) © Gilles Leimdorfer/Figarophoto – **p. 35** © RPBW, ph. Sergio Grazia, Tribunal de Paris, Architecte : *Renzo Piano Building Workshop* – **p. 36** © Thomas D. McAvoy/Gettyimages – **p. 38** © Guillaume Louyot/Adobe Stock – **p. 41** © Morphart/Adobe Stock – **p. 42** © Frederic Stevens/Gettyimages – **p. 43** © everettovrk/Adobe Stock – **p. 44** © Frederic Stevens/Gettyimages – **p. 47** (haut) © Ismail Hazmath/Adobe Stock – **p. 47** (bas) © designer_an/Adobe Stock – **p. 49** © nfrPictures/Adobe Stock – **p. 50** © Véronique Sagliet/Adobe Stock – **p. 52** © Jean-Luc Manaud/Gamma Rapho – **p. 58** © dalaprod/Adobe Stock – **p. 63** : de gauche à droite ; © Andy Dean/Adobe Stock ; © matteozin/Adobe Stock ; © Pavlo/Adobe Stock – **p. 64** © kasto/Adobe Stock – **p. 69** © BIS/Ph. Estate Gisèle Freud/Coll. Bordas – **p. 72** © pict rider/Adobe Stock – **p. 74** © skarie/Adobe Stock – **p. 75** (haut) © kalypsoo/Adobe stock ; **p. 75** (bas) © freakdj/Adobe Stock – **p. 76** © Roger-Viollet – **p. 78** © mrks_v/Adobe Stock – **p. 79** © Juulijs/Adobe Stock – **p. 80** © goodluz/Adobe Stock – **p. 81** © Dutourdumonde/Adobe Stock – **p. 85** © Coll. Archives Larbor – **p. 86** (haut) © paffy/Adobe Stock – **p. 86** (bas) © tiagozr/Adobe Stock – **p. 87** © Lux/Adobe Stock – **p. 88** Légende : *Henri Guillaumet et Antoine de Saint-Exupéry, aviateurs français, devant un Latécoère 28 de l'Aéropostale, mis en service en 1929.* © Roger-Viollet – **p. 91** © BIS/Ph. Coll. Archives Larbor – **p. 92** © Martinan/Adobe Stock – **p. 93** © nessyal/Adobe Stock – **p. 96** © Subbotina Anna/Adobe Stock – **p.100** © saap585/Adobe Stock – **p. 102** © Kara/Adobe Stock – **p.103** © coco/Adobe Stock – **p.104** © Urbanhearts/Adobe Stock – **p. 106** © Guillaume Souvant/AFP – **p. 107** © Friedberg/Adobe Stock – **p.108** © gkrpphoto/Adobe Stock – **p. 113** © diyanadimitrova/Adobe Stock – **p. 114** © Kara/Adobe Stock – **p. 115** © Jokari/Adobe Stock.

Autres photos : droits réservés.

Direction éditoriale : Béatrice Rego
Édition : Tania Saban-Dommée
Marketing : Thierry Lucas
Mise en page couverture : Dagmar Stahringer
Mise en page : Domino
Recherche iconographique : Bridgett Noizeux

© CLE International 2018
ISBN : 978-2-09-038-196-2

Impression : Sepec-Numérique - septembre 2022 - N° d'impression : N06601210538
N° éditeur : 10291631
Dépôt légal : Mars 2023

AVANT-PROPOS

COMPRÉHENSION ÉCRITE 2 s'adresse à des apprenants adultes ou grands adolescents après environ 180 heures de français. Il correspond au niveau A2 du Cadre européen commun de référence pour les langues et permet de se préparer efficacement aux épreuves du DELF A2.

Il s'inscrit résolument dans une perspective actionnelle : **lire pour agir, lire pour faire**.

Il peut être utilisé en classe ou en auto-apprentissage grâce aux corrigés qui se trouvent à la fin de l'ouvrage, aux bilans d'autoévaluation à la fin de chaque unité et au bilan final.

Les « plus » de cette nouvelle édition profondément remaniée :

- Une **maquette tout en couleur** et un nouveau format, pour une lecture et un maniement facilités et plus agréables
- **Un renouvellement des thèmes** (les voyages, l'industrie aérospatiale, les politiques urbaines, l'histoire...), **des textes et des illustrations**
- **Des leçons nouvelles** (leçons 1, 11, 12...)
- **Un bilan final**

- **Organisation de l'ouvrage**

L'ouvrage comprend 15 leçons, regroupées en 5 unités de 3 leçons chacune. Chaque unité est construite autour d'un macro-objectif (lire pour...) explicité dans une page introductive et d'une thématique commune :

Unité 1 • Le texte injonctif : LIRE POUR FAIRE FAIRE – Comprendre les instructions, les modes d'emploi, les consignes, les conseils en vue de faire soi-même quelque chose (une recette, un meuble, un emprunt bancaire).
Thème : l'apprentissage d'une langue, la gastronomie, le monde de la banque

Unité 2 • Le texte descriptif : LIRE POUR SAVOIR ET POUR « DONNER À VOIR » – Comprendre les descriptions de personnes, d'objets et de lieux ; comprendre les impressions qu'ils suscitent.
Thème : l'évolution de la ville de Paris, un quartier particulier : les Halles, le renouveau de l'île Seguin

Unité 3 • Le texte explicatif : LIRE POUR SAVOIR ET POUR FAIRE SAVOIR – Comprendre et transmettre une information, comprendre un document officiel, effectuer une démarche administrative.
Thème : Vivre et étudier en France (s'inscrire, se loger, s'insérer dans le monde de l'université)

Unité 4 • Le texte narratif : LIRE POUR COMPRENDRE UN RÉCIT ET POUR SAVOIR RACONTER UN ÉVÉNEMENT – Comprendre un événement qui se déroule dans le temps et savoir le transmettre.
Thème : Le goût de l'ailleurs, les voyages, l'aventure

Unité 5 • Le texte argumentatif : LIRE POUR SAVOIR PERSUADER, CONVAINCRE, PROUVER – Défendre un point de vue, contester la thèse adverse, produire des arguments, donner des exemples.
Thème : L'écologie (les médecines alternatives, la question climatique, les énergies renouvelables)
Chaque unité est suivie de trois pages d'**Autoévaluation**.

- **Organisation de chaque leçon**

Chaque leçon (de 6 pages) présente les objectifs, fonctionnels et linguistiques et comprend trois doubles pages :

– **la première double page** comprend à gauche *une image-déclencheur* suivie de questions et d'une première rubrique Vocabulaire et à droite *deux documents assez brefs* qui introduisent le thème central de la leçon et sont assortis de questions. Une fiche Grammaire complète cette page.

– **la seconde double page** comprend à gauche, *un texte long* suivi d'une fiche de Vocabulaire, d'une fiche Grammaire et à droite, des activités de compréhension écrite et des activités linguistiques (vocabulaire et grammaire) portant sur le texte en vis-à-vis.

– **la troisième double page** comprend à gauche, *Pour savoir plus...*, deux documents complémentaires qui apportent un nouvel éclairage ou d'autres informations sur le thème de la leçon. Une fiche Vocabulaire et une fiche Grammaire aident à comprendre les textes. Et à droite, se trouve la *Production écrite*. Dans cette page, trois ou quatre exercices de production écrite sont proposés dans une perspective actionnelle et interculturelle. On demande toujours à l'apprenant de s'impliquer personnellement dans ses écrits.

Un *bilan final* en fin d'ouvrage permet de faire le point sur l'ensemble des acquis lexicaux et grammaticaux vus tout au long des leçons, mais aussi sur la capacité à se repérer dans la diversité des textes.

SOMMAIRE

UNITÉ 1 — *Le texte injonctif*

LEÇON 1 – À VOS DICOS ! À VOUS LES MOTS ! .... **Page 8**
OBJECTIFS FONCTIONNELS : Identifier un texte (1) – Comprendre le but d'un document (1) – Conseiller (1).
LEXIQUE : L'apprentissage de la langue.
GRAMMAIRE : L'ordre et le conseil. L'impératif – *Devoir* + infinitif, *pouvoir* + infinitif, *il faut* + infinitif (qui expriment l'ordre, le conseil) – Le futur à valeur d'impératif et des verbes comme : *proposer, conseiller, recommander, inciter* – La place de la négation (1) – La place du pronom personnel (1).

LEÇON 2 – À VOS FOURNEAUX ! À VOS GIGOTS ! À VOS GÂTEAUX ! .... **Page 14**
OBJECTIFS FONCTIONNELS : Identifier un texte (2) – Comprendre le but d'un document (2) – Faire faire.
LEXIQUE : La nourriture, les ingrédients, la cuisine, la pâtisserie.
GRAMMAIRE : L'ordre et le conseil. L'impératif – L'infinitif à valeur d'impératif – Le présent à valeur d'impératif – *Devoir* + infinitif, *il faut* + infinitif, *il est préférable de* + infinitif (qui expriment l'ordre, le conseil) – La place de la négation (2) La place du pronom personnel (2) – L'expression du contraste (*alors que*).

LEÇON 3 – À VOS EUROS ! .... **Page 20**
OBJECTIFS FONCTIONNELS : Identifier un texte (3) – Comprendre le but d'un document (3) – Conseiller (2).
LEXIQUE : La banque, l'argent, l'euro.
GRAMMAIRE : L'ordre et le conseil. L'impératif – L'impératif à valeur hypothétique – *Il faut que* + subjonctif.

UNITÉ 2 — *Le texte descriptif*

LEÇON 4 – DU PARIS D'HAUSSMANN AU PARIS DU XXIe SIÈCLE .... **Page 30**
OBJECTIF FONCTIONNEL : Comprendre un document descriptif (1).
LEXIQUE : La ville, les monuments, l'urbanisme.
GRAMMAIRE : L'imparfait descriptif (1) – L'expression de la spatialisation (1) – Le comparatif (1).

LEÇON 5 – LE VENTRE DE PARIS .... **Page 36**
OBJECTIF FONCTIONNEL : Comprendre un document descriptif (2) – Comprendre l'organisation d'une description (1).
LEXIQUE : La ville, l'urbanisme, l'approvisionnement.
GRAMMAIRE : L'imparfait descriptif (2) – La nominalisation – L'expression de la cause (1).

LEÇON 6 – UNE ÎLE ! .... **Page 42**
OBJECTIFS FONCTIONNELS : Comprendre un document descriptif (3) – Comprendre l'organisation d'une description (2).
LEXIQUE : Une île, le paysage, l'usine, un ouvrier, un projet, un changement, détruire, reconstruire.
GRAMMAIRE : Les temps de la description – L'expression de la spatialisation (2) – La concordance des temps (1) – Le conditionnel présent et passé.

UNITÉ 3 — *Le texte explicatif*

LEÇON 7 – ÉTUDIER EN FRANCE, PREMIER ACTE : AVANT LA FAC .... **Page 52**
OBJECTIF FONCTIONNEL : Comprendre un document explicatif (1).
LEXIQUE : Démarches administratives.
GRAMMAIRE : Le passif – Les formes impersonnelles.

LEÇON 8 – ÉTUDIER EN FRANCE, DEUXIÈME ACTE : TROUVER UN LOGEMENT .... **Page 58**
OBJECTIF FONCTIONNEL : Comprendre un document explicatif (2).
LEXIQUE : Les différents modes de logement.
GRAMMAIRE : L'expression de la cause (2) : la relation cause – conséquence – La condition et l'hypothèse (1).

LEÇON 9 – ÉTUDIER EN FRANCE, TROISIÈME ACTE : SE DÉBROUILLER À LA FAC. .... **Page 64**

OBJECTIF FONCTIONNEL : Comprendre un document explicatif (3).

LEXIQUE : Les cours, les locaux universitaires.

GRAMMAIRE : L'Imparfait – Le passé composé – Le plus-que-parfait.

UNITÉ 4   *Le texte narratif*

LEÇON 10 – AILLEURS, TOUJOURS PLUS LOIN... .... **Page 74**

OBJECTIFS FONCTIONNELS : Comprendre l'organisation d'un récit (1) – Se situer dans l'espace et dans le temps (1).

LEXIQUE : Le voyage, l'aventure, les moyens de transport : le train.

GRAMMAIRE : Les temps de la narration (rappel) : passé composé/imparfait/plus-que-parfait – L'expression de la concession : *bien que* + subjonctif – Les noms de pays – Les prépositions.

LEÇON 11 – ET VOGUE LA GALÈRE ! .... **Page 80**

OBJECTIFS FONCTIONNELS : Comprendre l'organisation d'un récit (2) – Se situer dans l'espace et dans le temps (2).

LEXIQUE : Le voyage, la mer, l'effort, la victoire, l'échec.

GRAMMAIRE : Le système des temps de la narration (2) – La chronologie – La concordance des temps (2) Le participe présent – La préposition « en ».

LEÇON 12 – DE L'AÉROPOSTALE À L'AIRBUS A330NEO ! .... **Page 86**

OBJECTIFS FONCTIONNELS : Comprendre l'organisation d'un récit (3) – Se situer dans l'espace et dans le temps (3) – Exprimer des sentiments.

LEXIQUE : Le voyage, l'avion.

GRAMMAIRE : Le système des temps de la narration (3) – Des verbes impersonnels.

UNITÉ 5   *Le texte argumentatif*

LEÇON 13 – POUR OU CONTRE LES MÉDECINES DOUCES .... **Page 96**

OBJECTIFS FONCTIONNELS : Comprendre un point de vue (1) – Comparer deux points de vues différents (1) Repérer des arguments (1).

LEXIQUE : La médecine, les thérapies alternatives.

GRAMMAIRE : L'opposition *En revanche/par contre* – La concession (1) : le « si » de concession.

LEÇON 14 – ÇA ROULE ! ÇA ROULE ? .... **Page 102**

OBJECTIFS FONCTIONNELS : Comprendre un point de vue (2) – Comparer deux points de vue différents (2) – Repérer des arguments (2).

LEXIQUE : La voiture, la rue, la circulation, le vélo, la pollution.

GRAMMAIRE : La concession (2) *Pourtant/cependant* – Le but : *pour que* + subjonctif.

LEÇON 15 – ET TOURNENT LES AILES ! .... **Page 108**

OBJECTIFS FONCTIONNELS : Comprendre un point de vue (3) – Comparer deux points de vue différents (3) – Repérer des arguments (3)

LEXIQUE : Le moulin à vent, le vent, l'air, l'éolienne, une centrale électrique.

GRAMMAIRE : Les connecteurs logiques dans un texte argumentatif – La place du sujet dans la phrase.

UNITÉ 1 – INTRODUCTION

LE TEXTE QUI PROPOSE UNE ACTION, DONNE DES INSTRUCTIONS, QUI COMMANDE, QUI CONSEILLE, LE TEXTE INJONCTIF

Le texte injonctif se caractérise par **la volonté de l'auteur d'inciter le lecteur à faire quelque chose**.
Il propose une action.
Il se caractérise par la présence d'ordres, de conseils, de suggestions, d'invitations pressantes, d'interdictions.
On peut le trouver dans des recettes de cuisine, des notices, des modes d'emploi, des exercices, des règlements, des lois.

- Les verbes sont en général à **l'impératif**.

*D'un seul clic, **passez** en mode plein écran, **augmentez** ou **réduisez** la taille du texte, **survolez** les différents sens d'un mot.*

- Ils peuvent être également : **au futur, au présent, à l'infinitif (à valeur d'impératif)**.

*Vous **utiliserez** régulièrement votre dictionnaire, bilingue (pourquoi pas ?) pour commencer, puis **vous passerez** à un dictionnaire français-français.*

*Puis **vous couvrez** la poêle et vous **laissez frire** 15 minutes sans retourner le poisson.*
*Pour l'entrée, **prendre** une poire bien mûre. **Peler** la poire, l'**émincer**....*

- Le texte injonctif se caractérise aussi par la présence :
– des verbes : **devoir** et **pouvoir** suivis de l'infinitif
*Vous **devez** alors vous **aider** des mots repères.*
*Vous **pouvez** aussi **apprendre** par cœur !*

– des verbes : **falloir que + subjonctif** ou **falloir + infinitif** et des expressions verbales : **il est préférable que + subjonctif** ou **il est préférable de + infinitif**
*Pour trouver la bonne page dans un dictionnaire, **il faut être** curieux.*
*Si vous déménagez, **il faut que** vous en **informiez** le syndic de la propriété.*
***Il est préférable d'utiliser** de la fleur de sel pour saler le saumon.*

– des verbes comme : **conseiller, déconseiller, éviter, ordonner, proposer, recommander**
*Pour le saler, nous vous **déconseillons** le sel ordinaire.*
***Il est** fortement **conseillé** de faire régulièrement des exercices.*
***Évitez** le saumon d'élevage.*

LEÇON 1

À VOS DICOS ! À VOUS LES MOTS !

OBJECTIFS FONCTIONNELS : Identifier un texte – Repérer le thème général du texte – Comprendre le but du document – Identifier le public visé.

LEXIQUE : L'apprentissage de la langue.

GRAMMAIRE : L'impératif – *Devoir, il faut, pouvoir* au présent + infinitif – Futur à valeur d'impératif et des verbes comme : *proposer, conseiller, recommander, inciter* – La place de la négation (1) – La place du pronom personnel (1).

/// Que représentent ces quatre images ? Pouvez-vous trouver un lien, un rapport entre elles ?

Vocabulaire 1

- apprendre, chercher, comprendre, étudier, feuilleter.
- un dictionnaire, la grammaire, les règles, la mémoire, le vocabulaire, les mots, le sens, la signification.

DOCUMENT 1

Dictionnaire papier ?

Chercher un mot dans un dictionnaire, c'est facile ou difficile ?
Pour trouver la bonne page, il faut être curieux, feuilleter le dictionnaire avec patience, se tromper parfois, aller trop loin, revenir, se perdre ; dans ce cas, on doit s'aider des mots repères situés dans les coins en haut des pages.
Il faut aussi se servir de la phonétique (le son du mot) et se demander comment peut s'écrire un son. Par exemple, vous cherchez le mot « caractère » et vous ne connaissez pas ce mot ! Alors vous vous demanderez s'il commence par la lettre « k », la lettre « c », ou la lettre « qu »…. ! Et vous chercherez à ces trois lettres… et vous trouverez ! Et oui, il faut de la patience !!!

/// **1.** Qu'est-ce qu'un repère ?

....

/// **2.** À quoi sert un dictionnaire ?

....

/// **3.** Quelles qualités faut-il avoir pour utiliser un dictionnaire ?

....

DOCUMENT 2

Dictionnaire en ligne ?

Le Petit Robert, en ligne, dictionnaire de la langue française, un outil de référence pour tous, en abonnement. Découvrez un dictionnaire unique et complet qui reflète les dernières évolutions de la langue, et exploitez toutes ses possibilités de recherches et de navigation avec ses nombreuses fonctionnalités : une recherche simplifiée d'un mot en tapant ses premières lettres ; un correcteur orthographique basé sur la phonétique qui détecte les erreurs de saisie ; une navigation hypertexte totale ; un puissant moteur de recherches pour les jeux de lettres, les rimes, les citations…
Dictionnaire Le Littré : Entrez dans cette version informatisée et gratuite du *Dictionnaire de la langue française* d'Émile Littré qui reprend, la version papier du **Grand Littré**. Vous pouvez naviguer d'un mot à l'autre par double-clic, avancer ou reculer dans l'historique des articles consultés. D'un seul clic, passez en mode plein écran, augmentez ou réduisez la taille du texte, survolez les différents sens d'un mot. Un bouton permet d'afficher les conjugaisons d'un verbe, le féminin ou le pluriel des noms et des adjectifs. Seul regret : pour trouver un mot, il faudra connaître l'orthographe exacte de ce mot.

/// **1.** Préférez-vous consulter des dictionnaires papier ou des dictionnaires en ligne ? Expliquez votre choix.

....

/// **2.** Qui est Émile Littré ? Cherchez dans votre dictionnaire ?

....

Grammaire 1
- Relevez dans les deux textes quelques expressions différentes exprimant l'ordre, le conseil et la suggestion.
- Quel est le nom formé à partir du verbe « *chercher* » ? (Utilisez votre dictionnaire).
- Retrouvez dans les textes le verbe qui correspond au mot « *navigation* ». Que constatez-vous ?

Comment apprendre une langue !

Tout d'abord, il vous faut quelques outils : nous vous proposons d'avoir un dictionnaire, une grammaire, un livre de vocabulaire... et puis, un outil essentiel, vous-même... Vous, avec votre envie, votre désir d'apprendre, vous, avec votre esprit et vos sens*.... !

Vous avez un professeur ? Alors, écoutez, essayez d'être attentif*, et n'ayez pas peur de poser des questions, toutes les questions !

Vous utiliserez régulièrement votre dictionnaire, bilingue, pour commencer, puis vous passerez à un dictionnaire français-français. Vous pouvez utiliser un dictionnaire classique au format papier ou un dictionnaire au format électronique (site Internet ou application).

Il est fortement conseillé de faire régulièrement des exercices, corrigés par le professeur, ou en autocorrection...

Autre conseil : lisez dans la langue d'apprentissage ; même si vous ne comprenez pas tout, ne vous découragez pas ! Il n'est pas nécessaire de comprendre tous les mots pour comprendre le sens* d'un texte ! De temps en temps, arrêtez-vous et cherchez quelques mots dans le dictionnaire, puis reprenez votre lecture !

Et pourquoi pas ? Jouez ! Jouez au scrabble en français, jouez à d'autres jeux, faites des mots croisés ! Faites du sport ! Tous les moyens sont bons !

Vous pouvez aussi apprendre par cœur* ! On vous le recommandera souvent ! Apprenez de petits poèmes, des chansons !

Et enfin, soyez curieux, curieuse !!! Vous vivez dans un pays francophone ? Alors regardez autour de vous, lisez tous les panneaux publicitaires, ouvrez vos oreilles, écoutez les gens dans les cafés, dans la rue ! Allez au cinéma voir des films en français ! Écoutez la radio ! Regardez la télévision !

Et plus tard, quand vous aurez envie d'apprendre une autre langue, rappelez-vous ces conseils. Ne les oubliez pas ! Ils pourront vous servir !

Albertine de Villeparisis, *Conseils à l'apprenant d'une langue étrangère.*

Vocabulaire 2

- **les sens** : nous découvrons le monde avec nos sens. Nous en avons cinq : le toucher (la main), l'odorat (le nez), la vue (l'œil), l'ouïe (l'oreille), le goût (la langue).
- **être attentif, faire attention à** : écouter, regarder avec concentration.
- **le sens** : la signification.
- **apprendre par cœur** : utiliser sa mémoire pour restituer des connaissances, des informations.

Grammaire 2

- *Vous **utiliserez** régulièrement votre dictionnaire, bilingue puis, vous **passerez** à un dictionnaire français-français.* Ces futurs ont valeur d'impératif.
Le futur à valeur d'impératif s'utilise pour affaiblir l'expression d'un ordre, comme quelque chose qui « va de soi », de naturel.

ACTIVITÉS DE COMPRÉHENSION ÉCRITE SUR LE TEXTE

A. Compréhension globale

/// 1. Ce texte est :

☐ a) une recette ☐ b) un menu ☐ c) un ensemble de conseils

Justifiez votre réponse.

....

/// 2. À votre avis, qui parle dans ce texte ?

....

B. Compréhension détaillée

/// 1. Relevez les verbes importants qui marquent les différentes étapes de l'apprentissage.

a) Vous devez avoir ....

b) ....

c) ....

/// 2. Quels sont les conseils qui vous paraissent les plus faciles et les plus difficiles à suivre ?

....

ACTIVITÉS LINGUISTIQUES

• Vocabulaire

/// 1. Remplacez le verbe souligné par le nom correspondant en faisant les transformations nécessaires :

a) On vous conseille d'**utiliser** un bon dictionnaire.

b) On nous a recommandé de **lire** les panneaux publicitaires.

/// 2. Faites une phrase avec chacun de ces verbes, suivi d'un infinitif : *proposer, conseiller, inciter*. (Attention à la construction de ces verbes, vérifiez dans un dictionnaire).

a) ....

b) ....

c) ....

/// 3. Donnez le nom correspondant à chacun de ces trois verbes.

proposer → .... conseiller → .... recommander → ....

• Grammaire

/// 1. Relevez dans le texte les différentes manières d'exprimer l'ordre, le conseil.

....

/// 2. « *Rappelez-vous ces conseils. Ne les oubliez pas !* »

Observez la place du pronom personnel par rapport au verbe. Que remarquez-vous ?

....

UNITÉ 1 /// 11

POUR EN SAVOIR PLUS...

Pour un art poétique

Prenez un mot prenez-en deux
faites-les cuire* comme des œufs
prenez un petit bout de sens
puis un grand morceau d'innocence*
faites chauffer à petit feu
au petit feu de la technique
versez la sauce* énigmatique*
saupoudrez* de quelques étoiles
poivrez et mettez les voiles*
Où voulez-vous donc en venir ?
À écrire
Vraiment ? À écrire ?

Raymond Queneau, *Le chien à la mandoline*, 1965.

* Apprenez par cœur ce poème. Nous vous proposons aussi d'apprendre par cœur d'autres poèmes. Par exemple, *Demain dès l'aube* de Victor Hugo (Les Contemplations) ou une fable de La Fontaine, *Le Corbeau et le Renard*.

Vocabulaire 3

- **cuire** : mettre un aliment sur le feu pour pouvoir le manger.
  Je fais cuire un poulet au four/Le poulet cuit au four.
- **l'innocence** : état de quelqu'un qui ne peut pas faire le mal.
- **la sauce** : préparation liquide servie chaude ou froide en accompagnement de certains aliments. La mayonnaise est une sauce, le ketchup est une sauce.
- **énigmatique** : mystérieux (-ieuse).
- **saupoudrer** : couvrir un aliment de sel ou de sucre ou de farine...
- **mettre les voiles** : partir.

Grammaire 3

/// *Quelles remarques pouvez-vous faire sur la place des pronoms personnels à l'impératif ?*
Mettez les verbes soulignés dans le poème au présent de l'indicatif et observez la place des pronoms.

/// *Sur le modèle : « Prenez-en deux, faites-les cuire (...) », remplacez le mot souligné par un pronom personnel :*

a) Prenez <u>un mot</u> :..
b) faites cuire <u>l'œuf</u> :...
c) versez <u>la sauce</u> :..
d) faites chauffer <u>la sauce</u> :..

PRODUCTION ÉCRITE

/// **1.** Imaginez... Vous êtes un professeur de FLE (Français Langue Étrangère). Vous demandez à vos étudiants de regarder des séries télévisées pour apprendre ou améliorer la langue étudiée. Précisez la marche à suivre que vous leur conseilleriez. (Par exemple, commencez par regarder la série dans votre propre langue, puis...).

/// **2.** Racontez vos premières expériences d'apprenant(e) d'une langue étrangère.

///////////////////////////////// *Plaisir de Lire...* /////////////////////////////////

Le fils de M. Follavoine lui a demandé où étaient les Hébrides ; M. Follavoine, qui ne sait pas, cherche dans le dictionnaire le mot « Hébrides » et ne le trouve pas...
*Petite remarque : le « h » du mot « Hébrides » est muet. Donc on fait la liaison avec l'article et on prononce Les Hébrides [Z].

Julie, *(Sa femme)* : C'est dans les Z que tu as cherché ça ?

Follavoine, *un peu interloqué* : Hein ?... mais... oui...

Julie, *haussant les épaules avec pitié* : Dans les Z, les Hébrides ? Ah ! bien, je te crois que tu n'as pas pu trouver.

Follavoine : Quoi ? C'est pas dans les Z ?

Julie, *tout en feuilletant rapidement le dictionnaire* : [...] Il demande si c'est pas dans les Z !

Follavoine : C'est dans quoi, alors ?

Julie, *s'arrêtant à une page du dictionnaire* : Tiens, tu vas voir comme c'est dans les Z. *(Parcourant la colonne des mots.)* Euh ! [...] C'est dans les E, voyons ! [...] Tiens ! Comment ça se fait ?

Follavoine : Quoi ?

Julie : Ça n'y est pas !

Follavoine : *[...] sur un ton triomphant* : Ah ! ah ! Je ne suis pas fâché !... Toi qui veux toujours en savoir plus que les autres !...

Julie, *décontenancée* : Je ne comprends pas : ça devrait être entre « ébrécher » et « ébriété ».

Follavoine, *sur un ton rageur* : Quand je te dis qu'on ne trouve rien dans ce dictionnaire ! Tu peux chercher les mots par une lettre ou par une autre, c'est le même prix ! On ne trouve que des mots dont on n'a pas besoin !

Julie, *les yeux fixés sur le dictionnaire* : C'est curieux ! [...]

Julie, *sèchement* : En tous cas j'ai cherché dans les E ; c'est plus logique que dans les Z.

Follavoine : *haussant les épaules* : Ah ! là là ! « plus logique dans les E » ! pourquoi pas aussi dans les H ?

Julie, *vexée* : « Dans les H... dans les H... » ! Qu'est-ce que ça veut dire ça, « dans les H » ? *(Changeant insensiblement de ton.)* Mais, au fait... dans les H... pourquoi pas ?... mais oui : « Hébrides... Hébrides », il me semble bien que ?... oui ! *(Elle s'est précipitée sur le dictionnaire qu'elle feuillette d'une main fébrile.)* H !... H... H...

Follavoine, *la singeant* : Quoi, « achachache » ?

Julie, *parcourt rapidement la colonne des mots* : « Hèbre, Hébreux, Hébrides » ! *(Triomphante.)* Mais oui, voilà : « Hébrides », ça y est ! [Et c'était dans les « H » !]

Georges Feydeau, *On purge bébé*, Acte I, scène 2, 1910.

*On vous suggère d'apprendre par cœur cette scène et de la jouer.

LEÇON 2

À VOS FOURNEAUX ! À VOS GIGOTS ! À VOS GÂTEAUX !

OBJECTIFS FONCTIONNELS : Identifiez un texte – Repérer le thème général du texte – Comprendre le but du document.

LEXIQUE : La nourriture, les ingrédients, la cuisine, la pâtisserie.

GRAMMAIRE : L'impératif – L'infinitif à valeur d'impératif – Le présent à valeur d'impératif *Devoir* + infinitif, *il faut* + infinitif, *il est préférable de* + infinitif – La place de la négation (2) La place du pronom personnel (2) – L'expression du contraste (*alors que*).

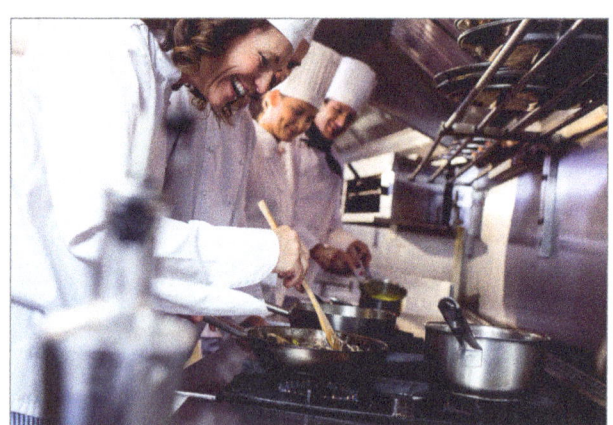

/// Décrivez les trois premières photos ? Qui sont ces personnes ? Où se trouvent-elles ? Que font-elles ? Pouvez-vous identifier les pâtisseries de la quatrième photo ?

Vocabulaire 1

- apprécier, confectionner, découper, goûter, inventer, préparer.
- la gastronomie, un menu, une recette, un livre de cuisine, des ingrédients, des récipients, des ustensiles, un plat, la pâtisserie, des gâteaux, un chef, un(e) cuisinier (-ière).

DOCUMENT 1

On se nourrit mieux à Paris que dans le reste de la France, selon* une étude présentée ce mercredi par la mairie de Paris (...). Celle-ci montre en effet que ses habitants consomment « plus de fruits » (+ 15 %), « moins de viandes rouges » (– 5 %), ainsi que « moins de sodas » (– 25 %) et « moins d'alcool » (– 45 %). C'est une alimentation plus saine, qui se traduit donc par un taux d'obésité plus faible (10,7 %) que la moyenne française (15 %). Les Parisiens ont un régime riche en fruits, légumes, poissons et légumes secs et 61 % d'entre eux consomment régulièrement des produits bios. De plus, les habitants de la capitale sont prêts à dépenser plus (23 % de leur budget) pour se nourrir que le reste des Français (20,4 %). Mais il existe des disparités* à Paris : (...) les chômeurs et les étudiants mangent moins bien. Par ailleurs, sans doute à cause de leur mode de vie, de nombreux Parisiens mangent plus souvent des sandwiches et des plats préparés (+ 20 %).

D'après l'article, « Une capitale bien alimentée », *CNews Matin*, n° 2066, 4 mai 2017.

*Selon : d'après, suivant. *Selon les médecins, il faut manger mieux pour être en bonne santé.* / *Une disparité : une différence.

/// **1.** Pouvez-vous dire si le Parisien a :
☐ **a)** les mêmes habitudes alimentaires qu'un habitant de votre pays.
☐ **b)** des habitudes très différentes.
☐ **c)** des habitudes différentes mais avec des points communs.

/// **2.** S'il y a des points communs, dites quels sont ces points communs.

....

/// **3.** D'après le document ci-dessus, on se nourrit mieux à Paris que dans le reste de la France ? Pourquoi, à votre avis ?

....

DOCUMENT 2

Commençons par une bonne nouvelle. Selon une enquête nationale de santé réalisée en 2014-2015 auprès de plus de 8000 élèves de CM2 en France (âgés de 9 à 10 ans), l'obésité reste stable et tend même à diminuer légèrement depuis 2002, (...) contrairement à une tendance générale observée en Europe.

Toutefois, on constate de fortes inégalités sociales. Ces inégalités face à la santé commencent très jeunes. Dès l'âge de 10 ans, les enfants des classes populaires (ouvriers, employés) ont deux fois plus de risque d'être en surpoids et jusqu'à quatre fois plus de probabilité de souffrir d'obésité que les enfants de cadres et professions supérieures.

D'après l'article de Durand, Anne-Aël, « L'obésité touche quatre fois plus les enfants d'ouvriers que ceux des cadres », *Le Monde*, 09 février 2017.

/// **1.** Pourquoi à votre avis, les enfants issus de milieu socio-économique défavorisé souffrent-ils davantage d'obésité ?

/// **2.** Quel lien peut-on faire entre le document 1 et le document 2 ?

Grammaire 1
• **Les termes de la comparaison :**
a) *aussi, plus, moins* + **adjectif** + *que* : Les Parisiens ont une alimentation **plus** saine **que** les autres. / **b)** *autant de, plus de, moins de* + **nom** + *que* : Ils consomment **plus de** fruits, **moins de** viandes rouges... **que** les autres.
• **Majuscule ou minuscule ?**
Les **P**arisiens, les **F**rançais : ce sont des noms qui prennent une majuscule.
Les trottoirs **p**arisiens, la mode **f**rançaise : ce sont des adjectifs qui s'écrivent avec une minuscule.

Conseils et recettes de cuisine

Il y a des pays où les gens ont faim, où la nourriture est rare ! On le sait et on se révolte... Pourtant, nous sommes de plus en plus nombreux à lire des magazines, à regarder des émissions où de grands cuisiniers, d'habiles cuisinières, des pâtissiers célèbres promettent de nous transformer en vrais cordons-bleus*, en « meilleurs pâtissiers ». Ainsi, ces deux chefs aujourd'hui, nous présentent des ingrédients*, nous donnent des conseils et proposent leurs recettes.

« Voici tout d'abord la recette d'une entrée aux poires et au roquefort, puis celle du plat principal, un saumon frit dans l'huile d'olive que nous préparerons devant vous.
– Pour l'entrée, prendre une poire mûre mais ferme. Peler* la poire, l'émincer* en fines lamelles ; couper une bonne tranche de roquefort et l'écraser finement, puis y ajouter une bonne cuillère de mayonnaise faite maison ; ne pas trop saler, poivrer, verser cette sauce sur les poires et servir aux amis qui apprécieront. C'est délicieux.

– Passons au saumon. Attention, achetez du saumon sauvage, évitez le saumon d'élevage. Pour le saler, nous vous déconseillons le sel ordinaire, il est préférable d'utiliser la fleur de sel. Plongez la tranche de saumon dans l'huile d'olive bien chaude ; l'huile doit chanter, grésiller* ; et puis, vous couvrez la poêle et vous laissez frire* 15 minutes sans retourner le poisson. Voilà, c'est prêt ! On sert et on savoure* ! »

Émission de radio *Télé-Passion*, octobre 2015.

Vocabulaire 2

- **un ingrédient :** élément qui entre dans une préparation, un mélange. (ex. la farine, le sucre, les œufs).
- **un cordon-bleu** (*expression idiomatique*) : une excellente cuisinière.
- **peler :** enlever la peau (d'un fruit ou d'un légume).
- **émincer :** couper en tranches fines, en lamelles.
- **grésiller :** faire entendre une succession de bruits secs, comme le fait l'huile bien chaude.
- **frire :** faire cuire dans l'huile bouillante.
- **savourer :** manger avec lenteur pour mieux apprécier la saveur.

Grammaire 2

- **Prendre, peler, émincer, couper, écraser, ajouter, saler, poivrer, servir :** tous ces infinitifs ont une valeur impérative, injonctive. Ils expriment un ordre, un conseil général et impersonnel, une consigne. On rencontre l'infinitif à valeur impérative dans les recettes, les avis adressés au public (*Ne pas se pencher à la fenêtre ; Ne pas ouvrir les portes du train en marche...*).
- **Attention à la place de la négation à l'infinitif et à l'impératif.**
  Ne pas acheter de saumon d'élevage./*N'achetez pas* de saumon d'élevage.
  Ne pas servir de vin rouge avec ce plat./*Ne servez pas* de vin rouge avec ce plat.
- **Attention à la place du pronom personnel à l'infinitif et à l'impératif.**
  *Mettre la viande dans la casserole et **la faire** cuire à feux doux.*
  *Mettez la viande dans la casserole et **faites-la** cuire à feux doux.*

ACTIVITÉS DE COMPRÉHENSION ÉCRITE SUR LE TEXTE

A. Compréhension globale

/// 1. À votre avis, les conseils donnés dans ce texte s'adressent :

☐ a) à des hommes   ☐ b) à des femmes   ☐ c) aux deux

B. Compréhension détaillée

/// 1. La première phrase du texte n'a pas le même ton que les autres. Elle exprime :

☐ a) l'approbation. Justifiez avec un mot du texte.

☐ b) la critique. Justifiez avec un mot du texte.

/// 2. Les autres paragraphes cherchent à :

☐ a) ordonner / ☐ b) conseiller / ☐ c) dissuader

Donnez des exemples pris dans le texte.

....

....

ACTIVITÉS LINGUISTIQUES

• Vocabulaire

/// 1. Des mots en contexte.

a) Quel est le sens du mot *chef* dans ce texte ? ....

b) Quel est le sens du verbe « *chanter* » ? Trouvez dans le texte le verbe synonyme ....

c) Trouvez dans le document une expression synonyme de : *cordon-bleu* ....

d) Ici, une *entrée* est :
   1. ☐ l'endroit par où l'on entre quelque part.
   2. ☐ l'action d'entrer.
   3. ☐ le premier plat d'un repas.

/// 2. Cherchez dans le dictionnaire le verbe « *grésiller* » et remplacez-le, dans la phrase suivante, par le nom correspondant en faisant les transformations nécessaires.

On entendait l'huile **grésiller.** On entendait le ....

• Grammaire : De l'infinitif à l'impératif

/// 1. Remplacez dans le paragraphe suivant l'infinitif souligné par l'impératif : soyez attentifs à la place des pronoms et à la place de la négation.

<u>Prendre</u> une poire mûre mais ferme. <u>Peler</u> la poire, <u>l'émincer</u> en fines lamelles. <u>Acheter</u> du roquefort ; <u>en couper</u> une bonne

....

tranche ; <u>l'émietter</u> et <u>y ajouter</u> une bonne cuillère de mayonnaise faite maison ; <u>ne pas utiliser</u> de mayonnaise toute prête,

....

mélanger bien, <u>ne pas trop saler</u>, poivrez puis versez sur les poires et <u>servir</u>.

....

POUR EN SAVOIR PLUS...

La cuisine à Versailles au XVIIᵉ siècle

Alors que pour le petit déjeuner le roi prenait simplement une tasse de bouillon en hiver et un jus de fruit en été, le déjeuner, lui se déroulait dans l'abondance*. Il avait lieu à 13 heures. Le roi avait un gros appétit : à sa table, on servait du gigot de mouton ou des œufs pochés, des rôtis, des poulets, des canards, accompagnés de betteraves, de chicorées, de laitue... Le vendredi, le poisson (saumon, truite, sole, merlan) remplaçait les viandes. Le roi appréciait les légumes et préférait les fruits aux pâtisseries. Dans son potager* on trouvait des petits pois, des choux-fleurs, des artichauts, des asperges, des épinards, des haricots. Dans le verger* poussaient des pêches, des figues, trois cents espèces de poires, six variétés de fraises, de nombreuses variétés de pommes. En fin d'après-midi, il y avait la collation* : viandes en gelée, pâté, fruits ou pâtisseries présentés sous forme de pyramides décorées de fleurs. Le souper avait lieu vers 20 heures.

Elisa de Gourmont, *Vivre au XVIIᵉ siècle*, Quelques histoires d'autrefois.

/// Est-ce que le roi préférait les pâtisseries aux fruits ?

/// Comment s'appelle le repas qu'on prend vers 20 heures de nos jours ?

Le Macaron

Venu peut-être d'Orient, d'Andalousie ou d'Italie, ce petit gâteau au sucre et aux amandes a conquis* la France au XVIᵉ siècle et depuis, son succès n'a fait que* grandir jusqu'à nos jours. L'écrivain Rabelais est le premier à mentionner, en 1552, dans un de ses livres, « cette petite pâtisserie aux amandes ».

En 1660, un pâtissier de Saint-Jean-de-Luz l'offre à Louis XIV pour son mariage ; le macaron plaît beaucoup au Roi et celui-ci l'introduit à Versailles. C'est une famille de pâtissiers du nom de Dalloyau qui, de père en fils, serviront aux rois jusqu'à Louis XVI, des macarons.

Plusieurs villes de France l'adoptent. Parfumé à la pistache, au chocolat, à la framboise, à la rose, au muguet..., il se transforme et le petit biscuit plat, sec et rond devient « le macaron parisien » formé de deux biscuits collés par un mélange de crème et de chocolat, et qui est vendu aujourd'hui chez tous les pâtissiers.

Elisa de Gourmont, *Vivre au XVIIᵉ siècle*, Quelques histoires d'autrefois.

/// Donnez la recette du macaron (cherchez-la sur Internet).

/// Qui est Rabelais ? (Cherchez sur Internet quelques informations sur cet écrivain).

Vocabulaire 3

- **l'abondance** : une grande quantité.
- **le potager** : le jardin où poussent les légumes.
- **le verger** : le jardin où poussent les fruits, les arbres fruitiers.
- **la collation** : un repas léger. Aujourd'hui, dans de nombreuses écoles primaires, les enfants prennent une collation vers 10 heures du matin. On voudrait la supprimer pour remédier à l'obésité des enfants.
- **conquérir** : (ici) séduire, gagner, plaire à...
- **ne faire que** : ne pas cesser de...
  *Son succès **n'a fait que** grandir : Son succès n'a pas cessé de grandir.*

Grammaire 3

- **L'expression du contraste, du contraire : alors que, tandis que** (Attention, la place de ces mots peut varier).
  Alors que *le roi prenait une simple tasse de bouillon au petit-déjeuner, au déjeuner il avalait une grande quantité de nourriture.* Ou *Le roi prenait une simple tasse de bouillon au petit-déjeuner **alors qu**'au déjeuner.....*
- **Préférer = aimer mieux** (Attention à la construction de ce verbe) : **préférer + nom + à + nom** : *Il préfère le poisson à la viande.*

PRODUCTION ÉCRITE

/// **1.** Imaginez... Vous êtes nutritionniste et vous donnez aux parents quatre ou cinq bons conseils pour que vos enfants ne deviennent pas obèses.

/// **2.** Souvenez-vous... Racontez un repas qui pour vous est inoubliable parce qu'il a été particulièrement bon ou mauvais. Décrivez le cadre, l'ambiance, les invités, les plats, la table...

/// **3.** Nostalgie, nostalgie... Rappelez-vous un plat de votre enfance et essayez de retrouver la recette.

Plaisir de Lire...

J'ai trempé mon doigt dans la confiture

Turelure

Ça sentait les abeilles

Ça sentait les groseilles

Ça sentait le soleil

J'ai trempé mon doigt dans la confiture

Puis je l'ai sucé

Comme on suce les joues de bonne grand-maman

Qui n'a plus mal aux dents

Et qui parle de fées...

Puis je l'ai sucé

Sucé

Mais tellement sucé

Que je l'ai avalé.

René de Obaldia, « J'ai trempé mon doigt... », dans *Les Innocentines*.

LEÇON 3

À VOS EUROS !

OBJECTIFS FONCTIONNELS : Identifier un texte – Repérer le thème général du texte – Comprendre les intentions d'un document – Identifiez le public visé.
LEXIQUE : La banque, l'argent, l'euro.
GRAMMAIRE : L'impératif – *Il faut* + subjonctif qui expriment l'injonction, l'ordre, le conseil – L'impératif à valeur hypothétique.

**24 heures sur 24,
7 jours sur 7,
Vivez votre banque en direct !**

Découvrez 3 moyens de garder le contact
avec votre banque :
Vocalia, Internet, Internet mobile.

/// Commentez cette publicité. Sur quel point le texte de cette publicité insiste-t-il ?

Vocabulaire 1
- déposer, épargner, fermer, gérer, ouvrir, retirer.
- l'argent, un compte, un crédit, une carte bleue, un chéquier.

DOCUMENT 1

Vous souhaitez mettre de l'argent de côté* ?
Vous souhaitez diversifier au mieux votre épargne* ?

Voici plusieurs solutions sûres et rentables.
– Avec le livret zebulon vous pouvez remplir la tirelire* de votre enfant, dès sa naissance jusqu'à 11 ans, puis prolonger l'épargne avec le livet jeune (pour les enfants à partir de 12 ans jusqu'à 25 ans).
– Avec le llds (livret de développement durable et solidaire), anciennement codevi. Vous pourrez placer jusqu'à 12 000 euros et recevoir des intérêts* (0,75 %). Ce livret est totalement défiscalisé (net d'impôts et de prélèvements sociaux).
– Avec génépro, assurez votre protection et celle de vos proches en cas de décès ou d'arrêt de travail.

Publicité de la Banque LCX

- **mettre de l'argent de côté** : économiser, épargner.
- **une épargne (f.)** : économie, l'argent qui n'a pas été dépensé, mais conservé.
- **la tirelire** : petit récipient avec une fente pour glisser des pièces de monnaie et économiser son argent.
- **les intérêts** : l'argent payé, reçu pour l'argent épargné.

/// **1.** Ce document veut :
☐ **a)** obliger le client à épargner
☐ **b)** le persuader d'épargner

Justifiez votre réponse.

....

/// **2.** Quelles sont les solutions proposées par la banque à ses clients pour faire des économies ?

/// **3.** Ces solutions correspondent à trois moments de la vie. Lesquels ?

DOCUMENT 2

Devenez parrain* et accélérez le tempo !

Avec votre famille et vos amis, vous partagez les « bons plans* » ! Alors pourquoi ne pas partager la même banque ? Parrainez vos proches et nous nous chargeons de tout !

- **le parrain** : celui qui présente quelqu'un dans un club, dans une société pour le faire inscrire.
- **les bons plans** : les projets de sortie, les distractions.

Grammaire 1
- ***Vous souhaitez mettre de l'argent de côté ? (...) voici plusieurs solutions :*** Si vous souhaitez mettre de l'argent de côté, voici plusieurs solutions.
La forme interrogative peut exprimer une hypothèse.
- ***Pourquoi ne pas partager la même banque ? :*** Vous devriez partager la même banque.
La forme interro-négative ici a valeur de conseil, de proposition plus vivante, plus directe.
- ***Parrainez vos proches et nous nous chargeons de tout :*** Si vous parrainez vos proches, nous nous chargerons de tout.
Ici, l'impératif a aussi valeur d'hypothèse.

On déménage !

Un déménagement, c'est toute une organisation ; des formalités à accomplir, des décisions à prendre.

Que devez-vous faire avant de quitter votre ancienne habitation ? Voici quelques conseils qui vous permettront de vivre au mieux* cette étape importante.

Vous êtes locataire, prévenez votre propriétaire dans les délais prévus par votre contrat de location.

Vous êtes propriétaire et vous avez vendu votre logement, il faut que vous informiez le syndic* de la copropriété* de la date de votre départ.

Locataire ou propriétaire, il faut que vous réserviez dès que possible la date de votre déménagement.

Ensuite, n'oubliez pas de vous inscrire sur les listes électorales à la mairie de votre nouveau domicile.

Quelques jours avant votre déménagement, déposez une demande dans votre ancien bureau de Poste qui réexpédiera le courrier à votre nouvelle adresse.

N'oubliez pas d'informer votre ancien centre des impôts de votre changement de domicile.

Pensez à donner aux compagnies de téléphone, d'eau, de gaz et d'électricité votre nouvelle adresse.

Enfin, faites transférer votre compte bancaire dans une succursale* de votre banque, proche de votre nouveau domicile.

Et surtout, faites assurer auprès de votre banque votre nouveau logement ; celle-ci vous apportera son concours pour vous faciliter toutes ces démarches.

Source *service-public.fr/particuliers/vosdroits*

Vocabulaire 2

- **au mieux :** de la meilleure façon.
- **le syndic :** la personne ou la société choisie par les copropriétaires d'un immeuble pour gérer, administrer les biens de la copropriété.
- **la copropriété :** l'ensemble des propriétaires d'un immeuble.
- **une succursale :** une annexe.

Grammaire 2

- **Vous êtes locataire,** *prévenez votre propriétaire.* = Si vous êtes locataire, prévenez votre propriétaire.

On peut marquer l'hypothèse, par une simple juxtaposition de deux propositions indépendantes.

Vous êtes propriétaire, informez le syndic. = Si vous êtes propriétaire, informez le syndic.

Il faut que vous informiez le syndic.

Il faut que + subjonctif. C'est aussi une façon d'exprimer l'ordre, le conseil.

- **Dès que possible :** aussitôt que vous pourrez.

ACTIVITÉS DE COMPRÉHENSION ÉCRITE SUR LE TEXTE

A. Compréhension globale

/// 1. À votre avis, les conseils de la banque sont :

☐ a) utiles.

☐ b) inutiles.

B. Compréhension détaillée

/// 1. Si vous deviez déménager, est-ce que vous respecteriez tous les conseils donnés dans ce document ?

/// 2. À votre avis, parmi tous les conseils donnés, quels sont ceux qui sont les plus importants pour une banque ?

/// 3. Pourquoi faut-il s'inscrire sur les listes électorales ?

ACTIVITÉS LINGUISTIQUES

• Vocabulaire

/// 1. Relevez dans le texte tous les termes qui désignent l'endroit où on habite.

....

/// 2. Comprendre un mot grâce au contexte.

Ici le mot « *concours* » signifie :   ☐ a) un jeu public organisé par les médias.

☐ b) une épreuve, un test de connaissances.

☐ c) une aide, un appui.

/// 3. Quelle différence faites-vous entre les trois verbes suivants : *déménager, emménager, aménager*. Vérifiez dans le dictionnaire.

....

• Grammaire : De l'infinitif à l'impératif

/// 1. Remplacez l'impératif par l'infinitif dans les phrases suivantes :

Vous allez quitter votre appartement ; pensez à informer les compagnies de téléphone, d'eau, de gaz et d'électricité de votre

....

déménagement. Envoyez-leur rapidement votre nouvelle adresse. Faites transférer votre compte bancaire dans une succursale

....

de votre banque, proche de votre nouveau domicile. Faites-le assurer auprès de votre banque. N'oubliez pas d'informer votre

....

ancien centre des impôts de votre changement de domicile. C'est le jour du départ, vous quittez votre appartement ; éteignez

....

les lumières, fermez bien la porte.

....

UNITÉ 1 /// 23

POUR EN SAVOIR PLUS...

Ordinateurs, téléphones portables à petit prix !

Comment faire quand on est étudiant (français ou étranger) pour s'équiper à bon prix d'un ordinateur, d'un téléphone portable... ?

Quelques conseils : tout d'abord, faites une recherche sur Internet pour trouver d'éventuels coupons de réductions. Des sites comme *ma-reduc.com* et *radins.com* vous aideront à trouver des coupons pour tous les types d'achat.

Ensuite, achetez au bon moment : août, septembre, novembre sont les meilleurs mois pour acheter un nouvel ordinateur, un téléphone portable... et économiser un peu d'argent. Le marché connaît à ce moment-là une baisse de prix (sortie de nouveaux modèles, vacances, rentrée scolaire). C'est le moment d'en profiter.

Consultez aussi des sites Internet qui proposent des stocks à prix cassés que le site *http://touslesprix.com* a regroupés. Pour les très petits budgets, achetez d'occasion. Sur des sites comme *Ebay*, *le Bon Coin*, découvrez des milliers d'annonces de particuliers.

/// Pouvez-vous retrouver dans le texte tous les sites internet qui proposent de bons prix ?

/// Comment comprenez-vous l'expression : « *à prix cassés* » ?

Prêt étudiant ! Votre banque vous aime !*

Un étudiant a souvent des besoins financiers importants : frais de scolarité, d'hébergement*, de transport, achat d'un ordinateur ou peut-être d'une voiture, dépenses de la vie courante.

Emprunter la somme d'argent dont on a besoin auprès d'une banque est une solution simple pour réaliser ses rêves. Votre banque vous donne un coup de pouce* en vous proposant un prêt personnel qui vous permettra de financer tout type de projet à des conditions avantageuses, particulièrement intéressantes. Les étudiants étrangers qui viennent étudier en France font face aux mêmes difficultés budgétaires que les étudiants français.

Il est important de savoir qu'un étudiant étranger bénéficie des mêmes droits au prêt qu'un étudiant français. En revanche, il lui sera peut-être plus compliqué d'obtenir ce prêt ou de le négocier. C'est pourquoi *financetesetudes.com* recommande aux étudiants étrangers d'avoir une caution solidaire* en France, ce qui leur facilitera l'accès au prêt étudiant.

Source *Banque LCX*.

/// Relevez dans le texte les expressions qui justifient le titre.

/// Est-ce que ce titre concerne tous les étudiants ?

Vocabulaire 3

- **un prêt** : action de mettre quelque chose à la disposition de quelqu'un.
Une bibliothèque de prêt, un prêt en argent....
Prêt (m) ≠ emprunt (m) ;
Prêter ≠ emprunter. « Quand on **prête**, on donne, quand on **emprunte**, on reçoit. »
La banque fait un prêt aux étudiants. Les étudiants empruntent de l'argent à la banque. Puis, ils **remboursent**, ils rendent l'argent prêté.
- **un hébergement** : un logement.
- **donner un coup de pouce** : donner un moyen d'avancer, aider...
- **la caution solidaire** : la personne qui remboursera à la place de l'étudiant s'il ne peut pas rembourser.

Grammaire 3

Tout type de projet : ici, le mot « tout(e) » est un adjectif indéfini qui signifie : « n'importe qui », « n'importe quel (-le) »
J'étudierai **toute proposition** qu'on me soumettra.

PRODUCTION ÉCRITE

/// **1.** À votre avis, pourquoi les banques accordent-elles facilement des prêts aux étudiants ?

/// **2.** Rédigez un petit texte pour demander un prêt étudiant à votre banque. (Donnez votre nom, votre situation, les raisons de la demande, la somme demandée, la durée du prêt, la durée des remboursements...)

/// **3.** Est-ce que vous avez dans votre pays des prêts particuliers pour les étudiants et des facilités bancaires pour le logement ? Expliquez le fonctionnement de ces prêts.

/// **4.** Sur le modèle du slogan : « Votre banque vous aime ! » Trouvez un slogan publicitaire pour un abonnement au Vélib'.

///////////////// *Plaisir de Lire...* /////////////////

Quelques citations pour rire...

L'argent n'a pas d'odeur, mais à partir d'un million il commence à se faire sentir.

Tristan Bernard, Extrait de *Sketches pour la scène et la radio.*

Le grand souci des hommes d'affaires français n'est pas de gagner de l'argent, mais d'empêcher les autres d'en gagner.

Tristan Bernard, Extrait de *Sur les grands chemins.*

La finance est l'art de faire passer l'argent de mains en mains jusqu'à ce qu'il ait disparu.

Robert W. Sarnoff.

Un dépôt est une contribution charitable à l'avenir de votre banque.

Ambrose Bierce.

AUTO ÉVALUATION 1
Maintenant, vous savez...

/// Reconnaître la nature d'un texte
Exercice 1 :

Pour un réveillon de Noël festif et léger :

Tout d'abord, choisissez de préférence une viande maigre (dinde, poulet, lapin) ou un poisson. Même le saumon, qui est un poisson gras, sera toujours plus bénéfique que n'importe quelle viande rouge et dans l'idéal, préférez un poisson blanc. C'est aussi un beau produit de fête. Évitez les sauces d'accompagnement. Privilégiez évidemment les légumes. Ils aident à digérer et apportent la satiété. Les épices et les herbes aromatiques seront vos meilleurs alliés pour donner de la saveur à vos plats ! Pensez à remplacer le trop nourrissant plateau de fromage par un sorbet ; hydratant, rafraîchissant et léger, il activera votre digestion. Et à la place de la bûche de Noël (hypercalorique !) une grande salade de fruits, c'est encore mieux !

Identifiez le document suivant. De quel type de document provient-il ? Cochez la bonne réponse.

☐ **a)** une revue spécialisée dans la grande cuisine
☐ **b)** une revue médicale
☐ **c)** un hebdomadaire féminin (*Elle ou Marie-Claire, Femme actuelle...*)

Bonne réponse : 1 point

/// Comprendre les éléments essentiels d'un texte

Pour un job d'été ou pour un stage plus long, une expérience dans un autre pays, dans un environnement linguistique et culturel différent du vôtre, sera en tous points bénéfique. Mais si vous voulez en tirer le meilleur parti pour votre avenir professionnel, vous devez non seulement accomplir toutes les démarches administratives nécessaires mais aussi vous consacrer, avant de partir, à un travail linguistique efficace et à l'acquisition d'un minimum de connaissances concernant le pays où vous vous rendez.

Exercice 2 : *À qui s'adresse ce document ? Cochez la bonne réponse.*

☐ **a)** à des collégiens
☐ **b)** à des retraités
☐ **c)** à des étudiants en fin d'études

Exercice 3 : *Quel titre pourriez-vous donner à ce document ? (exercice 2, p.26)*

Exercice 4 : *Ce document donne deux conditions importantes à remplir pour « tirer le meilleur parti d'un job ou d'un stage ». Quelles sont ces deux conditions ?*

Exercice 5 : *Quelle différence faites-vous entre un stage et un job d'été ?*

Bonnes réponses : **5 points**

/// Repérer qui parle

Exercice 6 :

> Attention : vous savez qu'un enfant sur deux serait en surpoids, selon le ministère de la Santé.
> Voici quelques idées pour remédier à ce problème.

Qui s'adresse à qui ?

- ☐ **a)** Une conseillère d'éducation à une mère d'élève (dans un collège)
- ☐ **b)** Un médecin généraliste à des parents (consultation avec un enfant)
- ☐ **c)** le ministre de l'Éducation nationale (circulaire à tous les professeurs)
- ☐ **d)** une journaliste dans la revue *Nos enfants et nous*

Bonne réponse : **1 point**

/// Repérer les champs sémantiques

Exercice 7 : *Rassemblez en trois groupes les mots qui évoquent le thème de l'apprentissage, celui de la cuisine et celui de la finance : une casserole, un index, un guichet, un menu, un dictionnaire, une épargne, un souper, un manuel, les intérêts, une collation, un exercice, un prêt.*

Le thème de l'apprentissage : ....

Le thème de la cuisine : ....

Le thème de la finance : ....

Exercice 8 : *Constituez deux groupes avec les verbes suivants : l'un qui évoquera le monde de la banque et l'autre le monde de la cuisine. Un de ces verbes pourra appartenir aux deux. Donnez ce verbe : confectionner, déposer, épargner, gérer, mélanger, préparer, verser, emprunter, parrainer, se régaler.*

Le monde de la banque : ....

Le monde de la cuisine : ....

Bonnes réponses : **5 points**

/// Reconnaître le ton d'une phrase

Exercice 9 : *Lisez attentivement ces phrases et repérez celle qui exprime : un ordre, un conseil, une proposition.*

Avant de monter dans le train, n'oubliez pas de composter votre ticket.

Éteignez vos portables !

Voulez-vous découvrir nos différents plans d'épargne ? Nous vous invitons à prendre contact avec les responsables de la banque.

Bonnes réponses : 3 points

/// Comprendre le sens précis de mots voisins

Exercice 10 : *Classer les verbes suivants du plus autoritaire au moins autoritaire : conseiller, proposer, ordonner, recommander, suggérer, inciter.*

Bonne réponse : 1 point

/// Passer d'un mode à un autre

Exercice 11 : *Remplacer l'impératif par l'infinitif en faisant les transformations nécessaires.*

Prenez un bol et mettez-y de la farine, du sucre et des œufs. Mélangez ces ingrédients et battez-les. Versez la pâte ainsi obtenue dans un récipient en verre. Faites cuire le gâteau pendant une heure environ. Sortez-le du four et laissez-le refroidir avant de le manger.

Bonnes réponses : 4 points

COMPTEZ VOS POINTS.
Vérifiez les bonnes réponses dans le corrigé à la page 120.

→ **VOUS AVEZ PLUS DE 15 POINTS :** Félicitations ! Vous êtes prêt(e) à affronter l'unité 2.

→ **VOUS AVEZ ENTRE 15 ET 10 POINTS :** De 13 à 15, c'est bien ; de 10 à 13, ce n'est pas mal !

→ **VOUS AVEZ MOINS DE 10 POINTS :** Allez, courage, encore un petit effort ! Corrigez vos fautes, essayez de les comprendre, puis après avoir effacé le corrigé, refaites les exercices de l'autoévaluation.

UNITÉ 2 – INTRODUCTION

LE TEXTE DESCRIPTIF

Décrire c'est, représenter des objets, des lieux, des personnages.
Le texte descriptif donne à voir. Il montre une image que le lecteur ne voit pas mais qu'il peut imaginer.

• On le rencontre dans les romans, les nouvelles, les contes, les guides touristiques.

Il est souvent associé au texte narratif :
Quand je suis arrivé à Paris en 1962, il y **avait** encore les Halles de Baltard… La voiture **était** reine et la pollution **encrassait** tout.
Mais si le texte narratif présente un déroulement dans le temps, la description s'organise souvent selon un ordre spatial.

• Ainsi on peut l'identifier :
– par la présence d'**indicateurs de lieu qui structurent le texte** : *au loin, plus loin, en haut, en bas, à droite, à gauche…*
Au milieu de la Seine, entre Boulogne-Billancourt **sur la rive droite** et Sèvres **sur la rive gauche**, il y a une île, l'île Seguin, qui dans les années 20 était encore un îlot de verdure.

– par la présence de l'**imparfait ou du présent.**
L'usine **se dressait** sur cinq niveaux. C'était la plus moderne d'Europe. Aujourd'hui, l'île **se présente** comme un lieu de musique et de promenade.

• Le texte descriptif peut avoir plusieurs fonctions. Il peut :
– représenter, donner à voir avec des mots.
Paris **est méconnaissable** aujourd'hui, plus **clair**, plus **beau**, plus **agréable.**

– donner des informations au lecteur (et dans ce cas, il se rapproche du texte explicatif).
Sur presque tous les ponts de Paris, il y **avait** des maisons : on les **détruit** ; de nouveaux ponts **sont construits.**

– apporter au texte une valeur artistique, littéraire.
Aujourd'hui, l'île Seguin **se présente comme un bateau qui vogue sur la Seine** au son de toutes les musiques. C'est un endroit où **règne** la vie et l'harmonie.

– *traduire des impressions.*
Paris **est** méconnaissable aujourd'hui, plus clair, plus beau, plus agréable. Comme neuf !

LEÇON 4
DU PARIS D'HAUSSMANN AU PARIS DU XXIe SIÈCLE

OBJECTIF FONCTIONNEL : Comprendre un document descriptif (1).
LEXIQUE : La ville, les monuments, l'urbanisme.
GRAMMAIRE : L'imparfait descriptif (1) – L'expression de la spatialisation (1) – Le comparatif (1).

La rue Censier (Paris, Quartier Latin) en 1857 et aujourd'hui

/// À l'aide du vocabulaire, décrivez l'aspect de la rue Censier en 1857.

/// Quelles sont les grandes différences entre ces deux photos ?

/// Cherchez sur Internet et/ou sur un plan de Paris, près de la rue Censier (Paris 5e arrondissement) :

   a) un édifice religieux : ....

   b) un jardin public : ....

Vocabulaire 1
• des immeubles, des maisons, des échoppes (petits magasins), des lampadaires.
• gris, triste, sombre, sale, étroit, lumineux, vaste, clair.

DOCUMENT 1

Évolution de la population parisienne* depuis deux siècles

Année	Habitants	Année	Habitants
1861	1 696 141	1962	2 790 091
1891	2 447 957	1975	2 290 852
1921	2 906 472	1982	2 176 243
1931	2 891 020	1999	2 125 246
1954	2 850 189	2014	2 220 445

* Il s'agit de la population de Paris intra-muros.
Source INSEE, 2016.

/// **1.** À quelle époque la population parisienne a-t-elle atteint son maximum ?

/// **2.** Comment peut-on expliquer la baisse de la population parisienne depuis les années 60 ?

Grammaire 1

- Rappel de l'expression du comparatif :
a) *plus, aussi, moins* + *adjectif*
b) les adverbes « *plus de* », « *autant de* », « *moins de* » + *nom*
Paris est moins peuplé qu'avant la guerre. Il y avait plus d'habitants en 1921 qu'en 1931.
- On constate + nom/on constate + que – on peut remarquer + nom/on peut remarquer + que

Vocabulaire 2

- « passer de … à … », **augmenter** (≠ diminuer), **rester stable, croître, s'accroître** (≠ décroître), la **hausse** (≠ la baisse), le **déclin**.

DOCUMENT 2

Au secours ! Paris se vide ! Paris vieillit ! Paris s'embourgeoise !

Depuis un siècle, Paris a perdu beaucoup d'habitants, surtout dans le centre. Ce phénomène s'explique essentiellement par la désindustrialisation de la ville. En effet, les entreprises préfèrent s'installer en banlieue, où les terrains sont moins chers, et beaucoup de salariés* ont suivi leur entreprise.

Le prix très élevé des appartements n'est pas non plus étranger à cet exode : souvent, quand arrivent les enfants, les jeunes parents quittent Paris pour aller habiter en banlieue. Pas étonnant donc que la population vieillisse : 20 % des Parisiens ont plus de 60 ans et un ménage* sur deux est composé d'une personne.

Plus vieux, plus seuls… mais plus riches ! Paris s'est beaucoup embourgeoisé depuis trente ans ; presque tous les artisans* et les ouvriers sont partis et les cadres supérieurs sont surreprésentés. Des quartiers, naguère populaires* (la Bastille, par exemple, où vivaient surtout des artisans, ou plus récemment, Belleville, quartier où se sont succédé toutes les vagues d'immigration depuis 1920), sont devenus « branchés* » et donc chers.

Source *Paris News*, Avril 2015.

- **Un salarié** travaille dans une entreprise et touche un salaire.
- **Un ménage** (dans ce contexte) : une unité d'habitation (un ménage peut comporter une, deux, trois, dix personnes).
- **L'artisan** fait un travail manuel mais pour son propre compte (un bottier, un boulanger…).
- Un quartier **populaire** ≠ riche – « **branché** » *(fam.)* : à la mode.

/// **1.** Quels sont les adjectifs qui correspondent aux verbes suivants : *rajeunir, grossir, rougir, raccourcir, rétrécir, éclaircir, s'enrichir, s'appauvrir* ?

Exemple – vieillir : *vieux, vieille*

Paris a bien changé !

« Quand je suis arrivé à Paris, en 1962, Paris était très différent de ce qu'il est aujourd'hui. On était encore dans le Paris de l'après-guerre, celui des films néoréalistes des années 50.

Il n'y avait ni le centre Pompidou, ni le musée d'Orsay, ni la Géode, ni la Pyramide du Louvre, ni l'Arche de la Défense, ni le musée du Quai Branly, ni la Philharmonie, ni l'espace Louis Vuitton, bref, presque rien du Paris d'aujourd'hui.

À l'époque*, la voiture était reine et la pollution encrassait* tout : Notre-Dame de Paris, par exemple, éclatante* aujourd'hui, était sale, grise, triste.

C'était hier et c'est comme si c'était il y a mille ans ! Depuis, on a nettoyé, ravalé*, rénové*, démoli, construit... On en a vu, des changements ! Des quartiers entiers, la Bastille, République, Montparnasse, le 13e arrondissement ont été entièrement recréés. De nouveaux espaces verts ont vu le jour. On a rendu les quais de la Seine aux promeneurs. Et, chose impensable il y a vingt ans, les tours reviennent dans Paris, comme la nouvelle tour Montparnasse, les tours Duo de Jean Nouvel dans le 13e, ou encore la Cité judiciaire de Renzo Piano à porte de Clichy.

Beaucoup se lamentent* de ces transformations. Ils protestaient déjà contre le Centre Pompidou en 1975 et contre la Pyramide du Louvre en 1989. Pour eux, Paris n'est plus le Paris d'autrefois, le Paris de Doisneau ou de Willy Ronis. Mais si rien ne change, Paris pourrait bien devenir une ville-musée, une ville morte. »

A. Thibaudeau.

Vocabulaire 3
- **à l'époque :** à cette époque-là.
- **encrasser :** salir (la crasse, c'est la saleté).
- **éclatant(e) :** *ici*, très lumineuse, très blanc.
- **ravaler un immeuble :** nettoyer sa façade.
- **rénover :** remettre à neuf.
- **se lamenter :** se plaindre.

Grammaire 2
- **C'est comme si :** toujours + **imparfait**
C'est comme si c'était il y a mille ans.
- Observez la structure de cette phrase : *Depuis, on a **nettoyé, ravalé, rénové, démoli, construit**...*
Un seul auxiliaire (ici, le verbe **AVOIR**) peut servir pour plusieurs verbes.
*Paris **pourrait bien** devenir une ville musée :* **on peut penser que...**

ACTIVITÉS DE COMPRÉHENSION ÉCRITE SUR LE TEXTE

A. Compréhension globale

/// 1. À votre avis, quel âge a, à peu près, la personne qui parle ?

/// 2. Quel est le ton de ce texte ? Est-ce que l'auteur pense que Paris est mieux maintenant ou moins bien ? Justifiez votre réponse avec des éléments du texte.

....

....

/// 3. Cherchez sur Internet les dates exactes de l'inauguration des monuments suivants :

– la Tour Eiffel ....   – le musée d'Orsay ....

– la Grande Arche de la Défense ....   – le musée du Quai Branly ....

/// 4. Quel architecte a réalisé :

– le Centre Pompidou : ....

– la Pyramide du Louvre : ....

B. Compréhension détaillée

/// 1. Relisez bien le texte. Est-ce qu'on peut savoir si la personne qui parle est un homme ou une femme ?

/// 2. En vous aidant du contexte, comment comprenez-vous l'expression : « *La voiture était reine* » ?

ACTIVITÉS LINGUISTIQUES

• Vocabulaire

/// 1. Chassez l'intrus.

Un bâtiment – une construction – un édifice – un bateau – un immeuble – une maison.

/// 2. Dans ce texte figure l'adverbe « *autrefois* ». Trouvez dans le document 2 page 31 un mot de même sens.

• Grammaire / Stylistique

/// 1. Dans ce texte, il y a plusieurs « *on* ». Que représentent-ils, à votre avis ?

a) On était encore dans le Paris de l'après-guerre : ....

b) On a nettoyé, ravalé, rénové… : ....

c) On a rendu les quais de la Seine aux promeneurs : ....

/// 2. Voici un résumé du texte de la page 32. Supprimez ce qui est inutile et gardez l'essentiel. Vous pouvez modifier l'ordre des phrases.

L'auteur évoque tous les multiples changements auxquels il a assisté depuis son arrivée à Paris, au début des années 60. Il a connu un Paris tout gris, tout triste, celui que l'on retrouve dans les films des années 50 et 60. Depuis cette époque, l'aspect de Paris s'est beaucoup modifié, la ville s'est améliorée : on a démoli les vieux quartiers insalubres, on a nettoyé les façades, on a ravalé les vieux bâtiments, on a démoli, on a reconstruit. Des monuments audacieux ont vu le jour dans les années 80-90. Et ce n'est pas fini. Malgré les réticences de bien des nostalgiques, on assiste aujourd'hui à l'émergence de très grandes tours un peu partout dans Paris.

POUR EN SAVOIR PLUS…

La révolution haussmannienne

Avant l'arrivée d'Haussmann, Paris était une ville médiévale* avec des rues étroites, insalubres* ; pas d'égouts, peu d'espaces verts…

Entre 1830 et 1850, la population a presque doublé : c'est une ville surpeuplée ; il est urgent d'agir !

Entre 1853 et 1870, c'est-à-dire pendant tout le second Empire, Napoléon III demande à Haussmann, le préfet de la Seine, de faire de Paris une ville moderne, aérée, adaptée aux transports modernes.

Pour lui, le modèle de la ville idéale, c'est Londres : de la modernité, de l'espace, des parcs et des jardins…

D'autre part, Paris a toujours été une ville rebelle, prompte* à s'échauffer : derrière cette politique de la ville, il y a donc aussi, bien sûr, la volonté de faciliter le maintien de l'ordre*.

C'est pourquoi on détruit les vieux quartiers populaires qui ont souvent été au cœur des révoltes parisiennes et on crée de larges avenues rectilignes* bordées de trottoirs et reliant des lieux stratégiques (les gares, les grands monuments, les centres administratifs…).

Paris s'agrandit : en 1859, sont annexés les villages de la banlieue proche : Auteuil, Montmartre, Passy, Vaugirard et Grenelle ; la ville est ensuite découpée en 20 arrondissements (comme aujourd'hui).

Paris était une ville avec une hygiène déplorable* : les cimetières sont supprimés à l'intérieur de la ville et repoussés à la périphérie ; on crée tout un réseau d'égouts* et on installe l'eau courante dans beaucoup de logements ; pour aérer la ville, sont aménagés ou créés des squares, des jardins et des parcs (les Buttes Chaumont, le parc Monceau, le parc Montsouris).

Tout visiteur qui vient à Paris pour la première fois est frappé par l'homogénéité des immeubles. C'est à Haussmann qu'on le doit : c'est lui qui décide du « visage » qui, aujourd'hui encore, est celui de Paris : immeubles en pierre de taille de cinq étages et mansardes* sous les toits, deux balcons (aux 2e et 5e étages).

Quant au mobilier urbain (kiosques, bancs, lampadaires…), c'est Davioud qui en est chargé. Wallace, un Britannique, fait installer les ravissantes fontaines qui portent son nom.

/// En quoi la restructuration de Paris a pu faciliter le maintien de l'ordre ?

/// Relisez les données chiffrées page 31. Entre 1861 et 1891, la population de Paris a très fortement augmenté. Comment peut-on expliquer cet accroissement ? Cherchez sur Internet si nécessaire.

Vocabulaire 4
- **une ville médiévale** : qui date du Moyen Âge.
- **insalubre** : malsain.
- **prompt(e)** : rapide.
- **sinueux** ≠ droit, rectiligne.
- **le maintien de l'ordre** (policier).
- **déplorable** : affreux.
- **un réseau d'égouts** : un ensemble de canalisations pour évacuer les eaux usées.
- **une mansarde** : petite chambre sous les toits.

Grammaire 3
Vous remarquerez que parfois, surtout dans la langue écrite, **le verbe précède le sujet**. C'est en particulier fréquent quand il s'agit d'un sujet « long » ou des sujets multiples, comme ici.
En 1859 sont annexés <u>les villages de la banlieue proche : Auteuil, Montmartre, Passy, Vaugirard…</u>
Pour aérer la ville sont aménagés ou créés <u>des squares, des jardins et des parcs</u>.

PRODUCTION ÉCRITE

/// **1.** Décrivez la ville où vous habitez. Comment était-elle vers 1880 ? Comment est-elle aujourd'hui ?

/// **2.** Décrivez la nouvelle Cité judiciaire de Paris, inaugurée en 2017 (architecte Renzo Piano). Que pensez-vous de ce type d'architecture ?

Plaisir de Lire...

Voici comment le jeune Jean-Jacques Rousseau, venu à pied de Genève à Paris, décrit ses premières impressions. Il a dix-neuf ans et sa déception est immense. Nous sommes en 1737.

Combien l'abord de Paris démentit l'idée que j'en avais ! […] Je m'étais figuré une ville aussi belle que grande, de l'aspect le plus imposant, où l'on ne voyait que de superbes rues, des palais de marbre et d'or.

En entrant dans le faubourg Saint-Marceau, je ne vis que de petites rues sales et puantes, de vilaines maisons noires, l'air de la malpropreté, de la pauvreté… […] Tout cela me frappa d'abord à tel point que tout ce que j'ai vu depuis à Paris de magnificence réelle n'a pu détruire cette première impression…

Jean-Jacques Rousseau, *Les Confessions*, livre IV.

LEÇON 5 — LE VENTRE DE PARIS

OBJECTIFS FONCTIONNELS : Comprendre un document descriptif (2) – Comprendre l'organisation d'une description (1).

LEXIQUE : La ville, l'urbanisme, l'approvisionnement.

GRAMMAIRE : L'imparfait descriptif (2) – La nominalisation – L'expression de la cause (1).

Les Halles de Paris dans les années 1960 (devant l'église Saint-Eustache).

/// Décrivez cette photo. Qu'est-ce qui indique que la scène se passe dans les années 50-60 ?

Vocabulaire 1

- un marché en plein air.
- une foule, des clients, des marchands, des cageots, des fruits, des légumes.
- acheter, vendre, discuter, marchander (essayer de faire baisser le prix).

DOCUMENT 1

L'histoire des Halles de Paris

L'histoire des Halles de Paris est très ancienne, elle date de 1137. Le marché est d'abord en plein air mais en 1183, on construit les premières halles en bois pour protéger les marchands et les marchandises. De là vient le nom : les Halles. Petit à petit, leur nombre se multiplie : halle aux poissons, halle aux grains, halle aux légumes, halle aux fromages, halle aux drapiers...

Juste à côté des Halles, au cœur même de Paris, il y a un immense cimetière, le cimetière des Innocents. Il est supprimé en 1789 pour des raisons d'hygiène. Tous les ossements sont transférés dans le sous-sol de Paris, dans les Catacombes, où ils sont toujours. À la place du cimetière des Innocents, on installe une halle aux herbes. Et le temps passe...

Au milieu du XIXe siècle, le gouvernement décide qu'il faut absolument moderniser ce marché et on fait appel à Baltard, un architecte célèbre. Celui-ci construit d'abord des bâtiments très classiques, en pierre. Mais cela ne plaît pas à Napoléon III, qui vient d'arriver au pouvoir, ni au préfet de Paris (et l'architecte en chef) Haussmann. À leur demande, Baltard reconstruit de magnifiques halles de fonte, de fer et en verre, élégantes et légères. Émile Zola en a fait une description très précise dans *Le ventre de Paris* (1873).

En 1969, elles sont démolies quand on construit le très grand marché de Rungis, en banlieue.

Des Halles Baltard, il en reste une, en souvenir, à Nogent, tout près de Paris. Les Japonais en ont également acheté une, qu'ils ont installée à Yokohama, mais dont il ne reste que la structure.

Source *Paris dans votre poche*, éd. Kléber, 2012.

/// **1.** D'après le contexte, pourriez-vous donner une définition du mot « *halle* » ?

....

/// **2.** On a dit souvent que le XIXe siècle était, en architecture, le siècle du fer. Qui a-t-on nommée, à cette époque, « *la dame de fer* » ?

....

/// **3.** Pourquoi Zola, à votre avis, a-t-il intitulé son roman *Le Ventre de Paris* ?

....

DOCUMENT 2

Les Halles au cinéma

Parmi les films qui ont les Halles pour cadre, deux sont particulièrement intéressants : *Voici le temps des assassins* (Julien Duvivier, 1955) et *Irma la Douce* (Billy Wilder, 1963).

Voici le temps des assassins est un film très noir qui raconte comment le patron d'un excellent restaurant des Halles, interprété par Jean Gabin est trompé, manipulé par une jeune fille apparemment très pure. Le décor réaliste évoque parfaitement bien les Halles de cette époque, la vie au jour le jour de ce quartier.

Avec *Irma la Douce*, c'est une vision beaucoup moins réaliste mais charmante que Billy Wilder propose. Irma la Douce, c'est une ravissante prostituée qui travaille dans le quartier des Halles et de qui un brave gendarme français tombe amoureux. Les acteurs sont américains et les décors (le quartier des Halles, le marché, les bistrots...) sont reconstitués en studio, mais cela permet de bien voir comment les réalisateurs américains voyaient Paris il y a cinquante ans.

/// **1.** Les restaurants autour des Halles sont très réputés. Pourquoi ?

/// **2.** Connaissez-vous d'autres films non français qui ont Paris comme décor ?

Le nouveau quartier des Halles

Dans les années 80, les Halles, jadis* « ventre de Paris », étaient devenues le cœur d'une métropole de 11 millions d'habitants. En effet, l'ouverture du RER en 1977, puis de l'énorme centre commercial souterrain (le Forum des Halles) en 1979 attirait des dizaines de milliers de visiteurs chaque jour, Parisiens, banlieusards*, touristes... À cause de cet afflux*, les riverains* se plaignaient du bruit, des difficultés de circulation faute de parkings, de la pollution et de l'insécurité le soir.

En 2002, le Conseil de Paris a décidé de réaménager tout le quartier avec pour objectifs :

– de restructurer l'espace public en surface afin de permettre aux Parisiens de flâner, de se reposer, de faire leurs courses.

– d'améliorer l'esthétique du lieu et lui donner plus de lumière grâce à la Canopée, immense vague de métal et de verre, inaugurée en 2016. Elle couvre le Forum des Halles et s'ouvre sur le jardin Nelson Mandela, dont une partie sera réservée aux enfants. Ces aménagements mettent en valeur la très belle église Saint-Eustache, la Bourse du Commerce (devenue le musée François Pinault en 2019) et, bien sûr, la Canopée.

– de végétaliser l'ensemble du site (plus de quatre hectares de jardins).

– de créer un grand pôle artistique de 6 000 m² : le conservatoire Mozart, une médiathèque, la Maison des pratiques artistiques amateurs, le centre culturel de hip-hop (« La Place »), une bibliothèque du cinéma, l'École supérieure d'art dramatique.

Et pour les passionnés de musique, la Médiathèque musicale de Paris est l'établissement public français le plus important consacré à la fois à la musique et à la danse.

Vocabulaire 2

- **jadis :** autrefois, naguère.
- **un banlieusard :** une personne qui vit en banlieue (ce terme est un peu péjoratif).
- **un afflux :** l'arrivée de beaucoup de gens en même temps.
- **les riverains :** les habitants d'un quartier.

Grammaire 1

- Rappel : **L'imparfait** sert à décrire une situation, un état passé.

Il y avait beaucoup de monde, le bruit dérangeait les riverains qui se plaignaient, la pollution était difficile à supporter.

- **Le passage du verbe au nom**

*Le Conseil de Paris a décidé de **restructurer** l'espace public. → **la restructuration** de l'espace public.*
*Le Conseil de Paris a décidé de **créer** un grand pôle artistique. → **la création** d'un grand pôle artistique.*
*Le Conseil de Paris a décidé de **mettre** en valeur l'église Saint-Eustache → **la mise** en valeur de l'église Saint-Eustache.*

- **L'expression de la cause (1)**

1) cause « neutre » : **en raison de** → *Le trafic est interrompu **en raison d'**une grève.*
2) cause négative : **à cause de** → ***À cause de** cet afflux, les riverains se plaignaient.*
3) cause positive : **grâce à** → *plus de lumière **grâce à** la Canopée.*
4) **faute de** = **par manque de** → ***Faute de** parkings = parce qu'il n'y avait pas assez de parkings.*

ACTIVITÉS DE COMPRÉHENSION ÉCRITE SUR LE TEXTE

A. Compréhension globale

/// 1. Répondez par Vrai ou Faux.

	Vrai	Faux
a) Il y a onze millions d'habitants à Paris.	☐	☐
b) Le Forum des Halles est en sous-sol.	☐	☐
c) Les Halles restent un quartier commercial.	☐	☐
d) La bibliothèque du cinéma a emménagé aux Halles.	☐	☐

/// 2. Cochez les transformations mentionnées dans le texte.

a) plus de lumière ☐
b) plus d'autobus électriques ☐
c) moins d'insécurité ☐
d) moins de pollution ☐
e) moins de touristes ☐
f) plus d'espaces verts ☐

B. Compréhension détaillée

/// 1. Pourquoi est-il toujours difficile de circuler en voiture dans ce quartier ?

/// 2. À votre avis, pourquoi ce quartier n'était-il pas très sûr, surtout le soir ?

ACTIVITÉS LINGUISTIQUES

• VOCABULAIRE

/// 1. Cherchez dans le dictionnaire le sens exact du mot « *canopée* ».

/// 2. Cherchez les verbes construits de la même façon que « *réaménager* ». Aidez-vous du dictionnaire.
....

/// 3. Le mot « *amateur* » a plusieurs sens. Dans les phrases suivantes, quel sens a-t-il ?

a) C'est un amateur de bonne cuisine : ....
b) Cette course cycliste est réservée aux coureurs amateurs : ....
c) Désolé ! On voit bien qu'il s'agit d'un travail d'amateur ! : ....

• GRAMMAIRE

/// 1. *Les nominalisations.* Transformez comme dans l'exemple :

Exemple : *L'objectif est de restructurer le quartier.* → *L'objectif est la restructuration du quartier.*

a) L'objectif est de réaménager l'espace public. → ....
b) L'objectif est de mettre en valeur l'église Saint-Eustache. → ....
c) L'objectif est de réduire la pollution. → ....
d) L'objectif est d'améliorer l'accès du public aux moyens de transport. → ....

/// 2. En raison de/faute de/grâce à/à cause de.... Quelle locution convient le mieux ?

a) C'est .... un collègue de mon père que j'ai pu obtenir ce travail à la télévision.
b) L'entreprise a arrêté les travaux .... crédits.
c) Impossible de sortir ce week-end .... la pluie.
d) .... un incident sur la ligne B du RER, le trafic est momentanément interrompu.

POUR EN SAVOIR PLUS...

Le grand marché de Rungis

En 1969, les Halles de Paris ont déménagé à Rungis, dans la banlieue de Paris. Rungis, c'est le plus grand marché de gros du monde : 234 hectares – c'est-à-dire plus grand que Monaco ! En 2016, c'est 1 200 entreprises, 12 000 salariés, 9 milliards de chiffres d'affaires, 1 260 000 acheteurs... Des chiffres qui donnent le tournis ! Mais Rungis, c'est plus et mieux que ces chiffres, c'est aussi un voyage fascinant au pays des saveurs, des odeurs et du bien vivre.

Ils ont dit, à propos de Rungis...

1) « Pour moi, c'est la plus belle épicerie du monde. »

2) « Rungis est un énorme bouquet de couleurs et de saveurs. »

3) « Aller à Rungis, c'est descendre au jardin. »

4) « C'est un moment d'inspiration fantastique »

5) « Rungis est une fenêtre ouverte sur les terroirs. »

6) « Rungis est un lien à partager. »

7) « Rungis est le palais de la gourmandise. »

8) « Rungis est un océan de saveurs... »

Bienvenue à Rungis, le plus grand marché de produits frais du monde

Bienvenue aux lève-tôt* qui aimeraient voir arriver des quatre coins de la France et au-delà les milliers de camions qui apportent poissons, viandes, fromages, légumes, fruits et fleurs. C'est une visite fascinante !

Venez tôt car c'est vers cinq heures du matin que l'activité est à son comble*.

Promenez-vous, regardez, humez*, goûtez... c'est une fête pour tous les sens*.

Et en fin de visite, régalez-vous* en bonne compagnie autour d'un fantastique petit déjeuner.

Aux portes de Paris, Rungis, la visite que vous n'oublierez jamais !

Vocabulaire 3

- **un lève-tôt** : une personne matinale.
- **à son comble** : à son maximum, au plus haut, au plus intense.
- **humer** : sentir (une odeur agréable).
- **les cinq sens** : la vue, l'odorat, le toucher, l'ouïe, le goût. On parle souvent du « sixième sens », l'intuision.
- **se régaler** : faire un bon repas, manger avec plaisir.

Grammaire 2

- **L'expression de la cause (2)** : CAR apporte une explication à ce qui précède. C'est l'équivalent de « en effet ». Attention, CAR ne peut jamais être en tête de phrase. *Venez tôt **car** c'est vers cinq heures du matin que l'activité est à son comble.*
- **Orthographe** : un lève-tôt, des lève-tôt. Les mots composés du type **verbe + adverbe** (ex. : *un lève-tôt*) ou **verbe + verbe** (ex. : *des savoir-faire, des laissez-passer*) sont invariables.

PRODUCTION ÉCRITE

/// 1. Dans votre ville, où se trouve(nt) le(s) marché(s) ? Dans le centre ou à l'extérieur ? Est-ce que cet emplacement a changé au cours des siècles ?

/// 2. Vous, personnellement, où préférez-vous faire vos courses : au marché ? dans une grande surface (hypermarché, supermarché) ? dans les magasins de votre quartier ? Décrivez vos habitudes et donnez vos raisons.

....
....
....

/// 3. Dans certains pays, les Français ont la réputation d'accorder une grande importance au « bien vivre » (bien manger, bien boire, mais, plus largement, bien profiter des plaisirs de l'existence). Dans votre pays, quelle est la réputation des Français dans ce domaine ? Développer en une dizaine de lignes en donnant des exemples.

....
....
....

Plaisir de Lire...

Une lueur claire, au fond de la rue Rambuteau, annonçait le jour. La grande voix des Halles grondait plus haut ; par instants, des volées de cloches, dans un pavillon éloigné, coupaient cette clameur roulante et montante.

Ils entrèrent sous une des rues couvertes, entre le pavillon de la marée et le pavillon de la volaille.

Florent levait les yeux, regardait la haute voûte dont les boiseries intérieures luisaient entre les dentelles noires des charpentes de fonte.

Émile Zola, *Le Ventre de Paris* (1873).

LEÇON 6

UNE ÎLE !

OBJECTIFS FONCTIONNELS : Identifier un texte — Repérer le thème général du texte
Comprendre l'organisation d'une description.

LEXIQUE : Une île, le paysage, l'usine, un ouvrier, un projet, un changement, détruire, reconstruire.

GRAMMAIRE : Les temps de la description — L'organisation spatiale de la description
La concordance des temps — Le conditionnel présent et passé.

/// Décrivez cette photo. Que voyez-vous ?

Vocabulaire 1

- traverser, travailler, ressembler.
- une île, un bateau, un paquebot, une usine, des voitures, un fleuve, la Seine, la musique.

DOCUMENT 1

L'île Seguin, hier une usine

Au milieu de la Seine, entre Boulogne-Billancourt sur la rive droite et Sèvres sur la rive gauche, il y a une île, l'île Seguin, qui dans les années 20 était encore un îlot* de verdure. Mais en 1928, Louis Renault, constructeur d'automobiles, y a installé sa nouvelle usine. Inaugurée* en 1929, celle-ci se présentait comme un immense paquebot* d'acier et de béton, long d'un kilomètre. Elle se dressait sur 5 niveaux et on y rencontrait tous les corps de métier nécessaires à la fabrication des voitures. C'était la plus moderne d'Europe. De cette usine sont sorties des milliers de voitures dont les plus célèbres sont la 4CV (la 4 chevaux) et la R5 (la Renault 5).

*un îlot : très petit île. Ou, un petit espace isolé dans un ensemble différent (comme ici l'île couverte de verdure à côté de localités urbaines comme Boulogne-Billancourt ou Sèvres).
*inaugurer : ouvrir d'une manière solennelle un nouveau bâtiment au public.
*un paquebot : grand bateau qui transporte des passagers.

/// **1.** Qui est Louis Renault ? Chercher sur Internet.

DOCUMENT 2

Hier, des ouvriers, des ouvrières

Dans cette usine sur la Seine travaillaient des hommes et des femmes. Dans les années 60, l'usine comptait plus de 10 000 salariés, ingénieurs et ouvriers ; ouvriers français, ouvriers immigrés venus en grande partie des pays du Maghreb et qui, sur des chaînes de fabrication et de montage, assemblaient, soudaient*, peignaient des pièces qui deviendraient des voitures. Et cette usine, qui représentait le développement industriel, était aussi le cadre des luttes syndicales, des combats ouvriers les plus durs, des revendications* salariales, des grèves… L'usine de l'île Seguin a cessé toute activité le 27 mars 1992.

*souder : réunir des pièces métalliques en les rendant liquides sous l'action de la chaleur.
*une revendication : une réclamation, une demande.

/// **1.** L'usine a fermé ses portes en 1992, pourquoi à votre avis ?

/// **2.** Quels peuvent être les sentiments des vieux ouvriers devant l'île Seguin aujourd'hui ? ?

Grammaire 1

• Attention à la concordance des temps : comparer ces deux phrases :
Les ouvriers assemblent des pièces qui **deviendront** des voitures (le verbe principal est au présent).
Les ouvriers assemblaient des pièces qui **deviendraient** des voitures (le verbe principal est au passé).
Le futur de la première phrase devient, dans la deuxième phrase, un futur dans le passé, qui a la forme d'un conditionnel présent.

Aujourd'hui ! Une île d'art et de musique !

Après de nombreuses années d'abandon, l'île Seguin a retrouvé vie, vigueur* et vogue* sur la Seine au son de toutes les musiques...

Là où autrefois s'élevait une usine fonctionnelle, là où parfois la voix des ouvriers et des ouvrières se faisait entendre à travers leurs luttes sociales, là où seule la « musique » des machines résonnait, une harmonie presque parfaite semble régner* aujourd'hui.

En effet, « La Seine musicale », expression qui joue joliment sur les mots* *Seine* et *Scène* a été inaugurée en avril 2017. Elle est l'œuvre de deux architectes, Shigeru Ban et Jean de Gastines.

À une pointe de l'île, en aval, le bâtiment se présente comme un grand paquebot, surmonté d'une sphère de verre et de bois. Ce bâtiment renferme l'Auditorium, magnifique salle de concert de 1 500 places, réservée à tous les types de musique classique. Au-dessus de l'Auditorium flotte une grande voile mobile de 1 000 m² de panneaux solaires. C'est une belle réussite technique et écologique. À côté de l'Auditorium, une autre salle de 6 000 places, la Grande Seine, accueille les musiques actuelles.

Au-dessus de la Grande Seine, un jardin de 7 410 m² invite à la promenade entre le ciel et le fleuve. En plus de ces deux salles, on trouve des studios d'enregistrement, des salles de répétitions, une école de chant, un orchestre en résidence, des salons pour des colloques et des séminaires.

À l'opposé de ce site, un grand pôle culturel et artistique privé doit voir le jour en 2021. Il comprendra un centre d'art pluridisciplinaire de 5 600 m², un multiplex de huit salles de cinéma et un hôtel tourné vers la création contemporaine. Une multinationale a acheté les terrains situés sur la partie centrale de l'île pour y établir un campus de 150 000 m². Celui-ci regrouperait des entreprises, un jardin public, des équipements sportifs, une salle multisports de 3000 places et peut-être des studios de cinéma. Deux rues piétonnes relieraient la Seine musicale et le grand pôle culturel et artistique. Tout cet ensemble devrait voir le jour en 2022.

Ainsi, l'île qui avait été, il y a de nombreuses années, un lieu de bruit et d'industrie, devrait devenir un espace d'art et d'harmonie !

Source *Facebook.com/la Seine.musicale*

Vocabulaire 2
- **la vigueur** : la force, l'énergie. (L'île, ici, est comme une personne).
- **voguer** : avancer sur l'eau.
- **régner** : ici, exister. *La paix règne dans ce pays.*
- **jouer sur les mots** : profiter d'une ressemblance entre deux mots proches par le son.

Grammaire 2
- Décrire c'est représenter des lieux, des objets, des personnages dans un espace.
Et cet espace est délimité par des **indicateurs spatiaux** comme : *là, au-dessus, en aval*.
Au-dessus de la Grande Seine, un jardin invite à la promenade.

- **Le conditionnel présent** se forme comme le futur, mais les désinences sont celles de l'imparfait : aime-*r*-**ais**, aime-*r*-**ais**, aime-*r*-**ait**, aime-*r*-**ions**, aime-*r*-**iez**, aime-*r*-**aient**.
Il peut exprimer une réalité incertaine.
Les travaux commenceront en 2018 (futur). C'est un fait sûr, à venir.
Ils commenceraient en 2018 (conditionnel présent). On n'en est pas sûr. Cela ne se fera peut-être pas.

ACTIVITÉS DE COMPRÉHENSION ÉCRITE SUR LE TEXTE

A. Compréhension globale

/// 1. Les usines Renault sont encore en activité aujourd'hui.

☐ vrai   ☐ faux

/// 2. Comment est l'île aujourd'hui ?

/// 3. Quels sont les projets pour l'île Seguin ?

/// 4. D'après le texte, est-ce que l'île est un lieu d'habitation ou un lieu de spectacle ?

B. Compréhension détaillée

/// 1. Où se trouve l'île Seguin ?

/// 2. À votre avis, pourquoi le mot « *musique* » à la 4ᵉ ligne du texte est entre guillemets ?

/// 3. Est-ce que la Grande Seine désigne le fleuve ?

ACTIVITÉS LINGUISTIQUES

• VOCABULAIRE

/// 1. Remplacez le groupe verbal souligné par un verbe de même sens que vous trouverez dans le texte.

La voix des ouvriers et des ouvrières <u>se faisait entendre</u>. → ....

/// 2. Retrouvez dans le texte d'autres termes qui ont un lien avec l'eau.

Exemple : *L'île vogue sur la Seine.* ....

/// 3. Quel est le contraire de l'expression « *en aval* » (cherchez dans un dictionnaire) ? À quel endroit du texte pourriez-vous utiliser cette expression ? ....

/// 4. Relevez dans le texte, quelques indicateurs de la spatialisation.

Exemple : *entre* ....

• GRAMMAIRE

/// 1. Passez de la certitude au doute (Reportez-vous à la Grammaire 2, page 44).

Une multinationale a acheté des terrains. Sur ces terrains, en 2025, s'élèveront des tours de 70 m de haut. On installera sur les

....

terrasses de ces tours, des jardins potagers qui donneront des tomates, des poivrons. On y plantera toutes sortes de fleurs !

....

Au pied des tours, on créera des espaces de jeux pour les enfants, on ouvrira des cinémas, des bibliothèques où tout le monde

....

pourra venir, jour et nuit et où chacun trouvera ce qu'il aime. Est-ce une réalité ou un rêve ?

....

POUR EN SAVOIR PLUS…

L'île des Plaisirs ? Un contre-projet !

Un étudiant en architecture et un jeune universitaire avaient imaginé de faire de l'île Seguin une île des plaisirs, un lieu où on se serait amusé. Là où des milliers de gens avaient travaillé pendant des années, là où ils avaient lutté, où ils avaient fait la grève, on aurait pratiqué toutes sortes de disciplines* : la danse, le théâtre, l'architecture et l'urbanisme*, l'édition, la musique, la photo, la vidéo, le design, le cinéma, les arts martiaux*, le sport, la brocante*, la gastronomie, le spectacle de rues. L'île aurait été divisée en quartiers où on aurait eu des ateliers, des studios, des salles de répétition et de représentation, des galeries d'art, des librairies, des lieux d'accueil. Là les jeunes gens, lycéens, étudiants, chômeurs auraient appris à transformer leur environnement en participant à des expériences, à des activités.

Mais cet aspect culturel n'aurait pas fait oublier le plaisir des sens. On y aurait rencontré aussi des bars, des cabarets, des boîtes de nuit, des restaurants de tous les pays ; on y aurait organisé des concerts, des bals populaires où on aurait dansé au son de l'accordéon.

L'île aurait été reliée à Paris par des vedettes* et des « vaporettos » qui sans cesse auraient remonté et descendu la Seine et chacun aurait pu venir y flâner* une heure, quelques jours, un mois. On y serait venu d'un quartier proche ou d'un pays lointain pour boire un verre, écrire un roman, lire sur les berges, écouter de la musique et faire des rencontres de hasard…

Source *Projets Seguin.com*

Vocabulaire 3

- **une discipline** : un domaine, une matière, une branche, une partie des études.
Il enseigne des disciplines scientifiques, la chimie, la physique, les mathématiques.
- **l'urbanisme** : étude des méthodes qui permettent d'adapter la ville aux besoins des hommes.
- **les arts martiaux** : arts de combat traditionnels japonais, chinois, coréens (judo, karaté, taekwondo…).
- **la brocante** : le commerce d'objets anciens et de curiosités qu'on achète d'occasion pour les revendre.
- **une vedette** : *(ici)* un bateau.
- **flâner** : se promener sans se presser, au hasard.
J'aime flâner sur les boulevards et dans les rues des grandes villes.

Grammaire 3

Le conditionnel passé : *Auxiliaire au conditionnel présent + participe passé du verbe* est ici **le mode de l'irréel du passé, le mode du rêve, des faits qui ne sont pas produits dans le passé.**
L'île des plaisirs n'existe pas, elle est rêvée par deux jeunes gens. Elle aurait pu devenir une réalité, mais pour le moment, elle n'existe que dans l'imagination de deux personnes.
Cette forme de conditionnel est aussi celle que l'on retrouve dans l'information incertaine.
On aurait découvert une cité ancienne sous la mer.

PRODUCTION ÉCRITE

/// **1.** À votre avis le contre-projet est-il très différent de l'état actuel de l'île Seguin ? Quelles ressemblances, quelles différences pourriez-vous constater ?

/// **2.** Si vous aviez un espace libre comme l'île Seguin, qu'est-ce que vous aimeriez y trouver ? Qu'est-ce que vous y installeriez en priorité ?

/// **3.** Décrivez un lieu que vous aimez (dans votre pays ou ailleurs).

Plaisir de Lire...

Une île, entre le ciel et l'eau
Une île sans hommes ni bateaux
Inculte, un peu comme une insulte
Sauvage, sans espoir de voyage
Une île, une île, entre le ciel et l'eau.

Une île, chanson de Serge Lama.

AUTO ÉVALUATION 2
Maintenant, vous savez...

/// Lire une description

Exercice 1 : *Relevez au moins trois éléments qui apparaissent sur la photo et ne sont pas précisés dans le texte suivant.*

Karim sortait de l'université. Les mains dans les poches, il marchait d'un bon pas car octobre était là et il ne faisait pas chaud. Et puis, il avait rendez-vous au 74, boulevard du Port-Royal et ne voulait pas arriver en retard. Il est passé devant le magasin où, presque tous les jours, il achetait son sandwich. Mais aujourd'hui, pas le temps !

Bonnes réponses : 3 points

/// Repérer les éléments décrits

Exercice 2 : *Description ou narration ? Relevez dans le texte la description et la narration.*

L'homme était debout devant Notre-Dame. Il était grand, mince et portait un grand chapeau qui cachait son visage. Une cape noire couvrait ses épaules et il tenait à la main une canne. Il était immobile. Derrière lui, la cathédrale dressait ses deux tours vers le ciel gris de Paris. Haute et massive, elle était là depuis des siècles, témoin de tant d'histoires, de tant d'événements, de tant de rencontres... Une femme est arrivée, elle a parlé à l'homme quelques instants et puis elle est repartie. Soudain, un ballon a roulé jusqu'aux pieds de l'homme et un enfant est venu le chercher en s'excusant.

Bonnes réponses : 2 points

/// Retrouver les indications spatiales et temporelles

Exercice 3 : *Relevez dans le texte suivant quatre expressions de lieu et deux expressions de temps.*

La presqu'île du Vert-Galant est un prolongement de l'île de la Cité. Elle s'étend sous le Pont-Neuf au milieu de la Seine. Quand on se tient à l'extrémité de la presqu'île, on a sur la rive droite la Samaritaine. Sur la rive gauche se dressent les maisons du quai des Augustins. Le soir, le soleil qui se couche derrière la Tour Eiffel fait rougir le fleuve, tandis que le Palais de Justice et Notre-Dame plongent peu à peu dans l'obscurité. Souvent au printemps, la presqu'île se retrouve sous les eaux et il ne reste comme trace de sa présence que le sommet des arbres qui commencent à fleurir.

Bonnes réponses : 3 points

/// Comprendre des chiffres

Exercice 4 : *Commentez ces chiffres.*

La population de Paris

En 1881	2 269 023 habitants
En 1921	2 906 472 habitants
En 1990	2 152 423 habitants
En 2010	2 268 000 habitants
En 2015	2 228 409 habitants

Bonne réponse : 1 point

/// Utiliser les expressions spatio-temporelles

Exercice 5 : *Dans cette description, certains détails sont faux. Lesquels ?*

Cette photo nous montre l'éventaire d'un bouquiniste au bord de la Seine. C'est un beau matin d'été et déjà, toutes les boîtes sont ouvertes, offrant aux passants leurs richesses. Dans le coin en bas, à gauche, on devine le vendeur, assis sur un tabouret. Ce bouquiniste vend des livres d'occasion, bien sûr, mais aussi des bandes dessinées, des cartes, des affiches... Un touriste montre à son ami l'éventaire et une troisième personne est en train de voler un livre pendant que le marchand ne la regarde pas. Derrière, on peut voir les deux belles tours de Notre-Dame de Paris et, au fond à droite, on aperçoit la tour Eiffel.

Bonnes réponses : 3 points

/// Organiser une description

Exercice 6 : *Avec ces éléments, rédigez un texte construit.*

Un autre lieu parisien consacré à la musique, la Philharmonie

– un espace entièrement consacré à toutes les formes de musique.
– à l'est de Paris, dans le Parc de la Villette.
– la première idée date de 1979.
– lancement du concours en mars 2006.
– choix du lauréat : les ateliers Jean Nouvel.
– 2009 : début des travaux.
– janvier 2015 : ouverture officielle de la Philharmonie de Paris.
– coût : presque 400 millions d'euros.
– forme : une grande colline en aluminium, des pavés et une grande dalle oblique, à l'intérieur, un auditorium pour la musique symphonique, 2 400 places de concert, 1 100 m² de salles d'exposition, 1 750 m² d'espace éducatif.

Bonnes réponses : 4 points

/// Comprendre les temps de la description

Exercice 7 : *Mettez les verbes suivants aux temps qui conviennent.*

En 1992, 10 000 ouvriers *(travailler)* .... dans les usines Renault, sur l'île Seguin. Des voitures *(sortir)* .... tous les jours des ateliers. Sur les ponts qui *(relier)* .... l'île à Boulogne ou à Sèvres *(passer)* .... des hommes et des femmes qui *(donner)* .... une partie de leur vie à cette usine. Aujourd'hui, l'île *(changer)* .... On ne *(fabriquer)* .... plus aucune voiture. On y *(faire)* .... de la musique.

Bonnes réponses : 4 points

COMPTEZ VOS POINTS.
Vérifiez les bonnes réponses dans le corrigé à la page 121.

→ **Vous avez plus de 15 points :** Vous avez très bien travaillé. Prêt(e)s pour la suite ?

→ **Vous avez entre 15 et 10 points :** Vous êtes en bonne voie, en très bonne voie !

→ **Vous avez moins de 10 points :** Retournez aux unités 1 et 2 et étudiez-les encore une fois. Allez, ne vous découragez pas !

UNITÉ 3 – INTRODUCTION

LE TEXTE EXPLICATIF

Le texte explicatif présente des informations. Il répond à des questions et permet de transmettre des connaissances.

On le rencontre dans des ouvrages de vulgarisation scientifique, dans des manuels scolaires...

Pour expliquer, il faut :
- **définir**, c'est-à-dire donner le sens de certains mots, le sens des termes techniques ou difficiles.

Une cité universitaire est un ensemble de bâtiments où vivent des étudiants.
La fac est un lieu d'enseignement, un lieu de transmission du savoir.
Pour pouvoir louer un appartement, vous devez trouver un garant français, c'est-à-dire quelqu'un qui s'engage à payer à votre place si vous ne pouvez pas le faire.

- **situer les informations dans le temps**
  – à l'aide de compléments circonstanciels *(en 1930, au XIXe siècle)* ou à l'aide de connecteurs chronologiques.

*L'histoire de la Cité universitaire commence **en 1920**, dans le contexte pacifiste de l'après-guerre.*

  – **enchaîner les faits les uns aux autres**, souligner la cause et la conséquence des événements, les oppositions, les liens logiques.

Pour cela on a besoin des connecteurs logiques :
– conjonction de coordination : *mais, ou, et, donc, or, ni, car* ;
– adverbes : *néanmoins, cependant, pourtant, enfin, en effet, c'est pourquoi* ;
– conjonctions et locutions conjonctives de subordination : *quand, parce que, si bien que, afin que...*

*De 1990 à 1998, le nombre des jeunes étrangers venant étudier en France a baissé. **C'est pourquoi** le gouvernement a créé en 1998 EduFrance, une agence qui a pour mission de présenter notre système éducatif à l'étranger. Cette politique a porté ses fruits ; **en effet**, le nombre des étudiants étrangers a presque doublé.*

- **illustrer l'explication par des exemples**

*Dans toutes les grandes villes, **Paris, Marseille, Lyon, Lille**..., le prix des logements s'envole.*

Les temps le plus fréquemment utilisés sont :
Le présent (à valeur de verité générale) et **l'imparfait**.

LEÇON 7

ÉTUDIER EN FRANCE, PREMIER ACTE : AVANT LA FAC

OBJECTIF FONCTIONNEL : Comprendre un document explicatif (1).
LEXIQUE : Démarches administratives.
GRAMMAIRE : Le passif – Les formes impersonnelles.

/// *Décrivez l'image en vous aidant du lexique.*

/// *Quelles sont les différences avec une sortie d'université dans votre pays ?*

Vocabulaire 1
- un étudiant, une université, sortir d'un cours.

DOCUMENT 1

D'ABORD, ÉVALUER MON NIVEAU DE FRANÇAIS : LE TEF

1 – Qu'est-ce que le TEF ?
C'est un examen de référence internationale qui mesure votre niveau de connaissances et de compétences en français. Aucun diplôme préalable n'est requis pour se présenter à l'examen. Le candidat doit avoir plus de 16 ans. La validité des résultats est de deux ans.

2 – À quoi sert le TEF ?
- À étudier en France (TEF pour les études en France)
- À obtenir la nationalité française (TEF pour la naturalisation)
- À attester de son niveau de français dans un cadre professionnel, dans le cadre d'une formation ou d'une mobilité, etc.

3 – Quelles sont les épreuves ?
→ Il y a 5 épreuves :
a) 3 épreuves écrites :
- *Compréhension écrite* (CE) : 60 min – 50 questions
- *Expression écrite* (EE) : 60 min – 2 sujets à traiter
- *Lexique et structure* (LS) : 30 min – 40 questions

b) 2 épreuves orales :
- *Compréhension orale* (CO) : 40 min – 60 questions
- *Expression orale* (EO) : 15 min – 2 sujets à traiter

À l'issue du test et après correction des épreuves, une attestation de résultats est communiquée au candidat. Elle indique les scores obtenus à chaque épreuve.
S'il le souhaite, le candidat peut se présenter plusieurs fois au test. Il faut attendre deux mois pour refaire le test.

4 – Comment s'inscrire ?
Des sessions sont organisées toute l'année dans l'un des centres du CCI (Centre de Commerce et d'industrie), à Paris, en France et dans la plupart des pays du monde.
Alors pour vous inscrire n'hésitez plus et contactez le centre le plus proche de chez vous !

/// 1. Vrai ou Faux ?

	Vrai	Faux
a) On peut passer ce test chaque année.	☐	☐
b) C'est un diplôme qui reste valable pour toujours.	☐	☐
c) Les résultats au TEF sont valables pour toute la vie	☐	☐

DOCUMENT 2

ENSUITE, PENSER À MA SANTÉ

Tu es étudiant étranger, tu viens d'arriver en France. As-tu pensé à t'inscrire à une mutuelle étudiante ?
D'accord, tu as droit à la Sécurité sociale étudiante, mais sais-tu qu'elle ne te rembourse pas à 100 % ?
Et si tu es malade ? Et si tu dois être hospitalisé ? Tu y as pensé ?
Ça n'arrive pas qu'aux autres !

Une assurance complémentaire santé, c'est indispensable !
Avec nos complémentaires MEF, tu dormiras plus tranquille !
Quatre formules au choix : toutes les quatre prennent en charge à 100 % les soins **indispensables** (médecins généralistes, médicaments, vaccins, analyses, hospitalisations).
Tu choisis ensuite en fonction de tes besoins personnels. Tu peux t'inscrire pour 3, 6 ou 9 mois.

a) Formule « **mini** » : 9,90 euros par mois
b) Formule « **midi** » : 15,90 euros par mois
c) Formule « **super** » : 24,90 euros par mois
d) Formule « **super-géant** » : 34,90 euros par mois

/// **1.** Quel est le ton de ce texte ? Proposez deux adjectifs pour le définir.

/// **2.** S'inscrire à une mutuelle étudiante est obligatoire ou non ? Justifiez votre réponse.

/// **3.** À votre avis, si je choisis la formule « *super géant* », qu'est-ce qu'on me rembourse de plus ?

APRÈS, COMMENT M'INSCRIRE ?

Premier cas : vous voulez commencer des études supérieures dans une université française.
Vous devez faire une demande d'inscription préalable (« formulaire vert » si vous résidez en France, « formulaire blanc » si vous résidez dans votre pays).

Attention : sont dispensés de cette procédure* les titulaires* d'un baccalauréat français, les étudiants de l'Union européenne, les boursiers du gouvernement français, les réfugiés politiques en règle (titulaires de la carte de l'OFPRA) et les enfants de diplomates en poste en France.
Vous devez passer un examen de français : on va évaluer votre compréhension écrite et orale ainsi que votre expression écrite. Sont dispensés* de cet examen les étudiants qui viennent d'un pays francophone, ceux qui ont étudié dans des sections bilingues françaises et ceux qui ont obtenu le DALF (Diplôme Approfondi de Langue Française).

Second cas : vous voulez continuer ou terminer vos études en France.
Vous devez vous adresser directement à l'université de votre choix. Votre dossier sera examiné par une commission pédagogique qui décidera, en fonction de vos études ou diplômes antérieurs et de votre niveau linguistique, de la suite à donner à votre demande*. *Attention :* vos diplômes peuvent être reconnus* par une université et refusés par une autre. Chaque université est libre de sa décision.

Les formalités d'entrée et de séjour
Vous devez avoir, avant de quitter votre pays, demandé aux services consulaires français un visa de long séjour « étudiant ». Ce visa sera exigé pour obtenir votre carte de séjour en France.

Attention : si vous venez avec un simple visa de touriste, vous ne pourrez pas régulariser votre situation une fois arrivé en France.
Vous devez justifier de* moyens d'existence (au moins 7 500 € par an) et d'une couverture sociale.
Les ressortissants de l'Union européenne sont dispensés de ces formalités.

Vocabulaire 2
- **une procédure :** ensemble de règles, de formalités à respecter pour obtenir un résultat.
- **être titulaire d'un diplôme, d'une carte de séjour... :** avoir, posséder une carte de séjour.
- **être dispensé de quelque chose :** ne pas être obligé de faire quelque chose.
- **donner suite à une demande :** répondre positivement à une demande.
- **reconnaître un diplôme :** le considérer comme valable, l'accepter.
- **justifier de quelque chose :** apporter la preuve de quelque chose, prouver.

Grammaire 1 : la forme passive
- Observez
– *On dispense* les étudiants de l'Union européenne de la demande d'inscription préalable. → Les étudiants de l'Union européenne *sont* dispensés de la demande d'inscription préalable.
– Une commission *examinera* votre dossier. → Votre dossier *sera examiné* par une commission.
– Paris-IV *a accepté* sa candidature. → Sa candidature *a été acceptée* par Paris-IV.
– Une université peut *reconnaître* vos diplômes et une autre les *refuser*. → Vos diplômes peuvent *être* reconnus par une université et *(être) refusés* par une autre.
- **Formation :** auxiliaire *être* (que l'on conjugue) + *participe passé*. On accorde le sujet et le participe.
- **On utilise le passif pour mettre en valeur un élément.** Par exemple, dans la phrase « Votre dossier *sera examiné* par une commission. », le dossier est considéré comme plus important que la commission. C'est le mot « dossier » qui est mis en valeur.

ACTIVITÉS DE COMPRÉHENSION ÉCRITE SUR LE TEXTE

A. Compréhension globale

/// 1. « Je suis étudiant en deuxième cycle et je ne fais pas partie de l'Union européenne. Je viens en France pour continuer mes études. Il me faut, à mon arrivée... » (Cochez les bonnes réponses).

- ☐ a) un passeport
- ☐ b) un logement chez des amis ou des parents
- ☐ c) un visa « étudiant »
- ☐ d) un emploi
- ☐ e) une attestation de ressources
- ☐ f) une couverture sociale (la Sécurité sociale)
- ☐ g) l'inscription à une mutuelle étudiante
- ☐ h) un billet d'avion « retour »

B. Compréhension détaillée

/// 1. Parmi les cinq phrases suivantes, deux ne correspondent pas au texte. Lesquelles ?

- ☐ a) Si vous venez faire vos études en France avec un visa « touriste », vous n'aurez pas de problèmes.
- ☐ b) Les universités françaises sont plus ou moins exigeantes en ce qui concerne les diplômes étrangers.
- ☐ c) Un jeune Italien qui vient étudier un an en France n'a pas besoin de prouver qu'il a assez d'argent pour vivre pendant cette année universitaire.
- ☐ d) Les enfants de tous les diplomates sont dispensés d'un examen de français.

ACTIVITÉS LINGUISTIQUES

• Vocabulaire

/// 1. Chassez l'intrus !

a) une inscription – un studio – un formulaire – un dossier – un diplôme – une formalité administrative.

b) des moyens d'existence – une bourse – de l'argent – des revenus – du courage – un compte en banque.

/// 2. Cochez le mot qui a le même sens.

1. *évaluer* les connaissances de quelqu'un ☐ a) les contrôler ☐ b) les augmenter
2. vos diplômes *antérieurs* ☐ a) les plus hauts ☐ b) précédents
3. *en fonction* de vos études ☐ a) en l'absence de ☐ b) selon

• Grammaire

/// 1. Mettez ces phrases à la forme active, comme dans l'exemple. (Faites attention au temps. Attention aussi à la phrase c).

Exemple : *Votre dossier sera examiné par une commission* → *Une commission examinera votre dossier.*

a) Ce dossier a été déposé hier matin par un étudiant égyptien.

b) Les bourses sont accordées par le gouvernement selon des critères sociaux et pédagogiques.

c) Un visa de longue durée (« étudiant ») sera exigé au moment de votre inscription.

/// 2. Grammaire et orthographe. Accordez le participe avec le sujet.

a) La candidature de cet étudiant a été refusé... à Paris-IV mais elle a été accepté... à Paris-V.

b) Est-ce que tous vos diplômes ont été obtenu... dans la même université ?

c) Les ressortissants de l'Union européenne ne sont pas obligé... de passer par la préinscription.

POUR EN SAVOIR PLUS...

LES DIX PREMIERS PAYS D'ORIGINE DES ÉTUDIANTS ÉTRANGERS EN FRANCE EN 2015

Pays d'origine	Nombre	Pourcentage	Évolution 2013-2014	Évolution 2010-2014
Maroc	35 199	11,8 %	+ 3,8 %	+ 9,9 %
Chine	29 709	9,9 %	- 1,5 %	+ 2,0 %
Algérie	21 279	7,1 %	- 3,0 %	- 6,7 %
Tunisie	11 573	3,9 %	- 2,5 %	- 15,2 %
Italie	10 353	3,5 %	+ 11,1 %	+ 39,7 %
Sénégal	8 800	2,9 %	- 1,3 %	- 10,6 %
Allemagne	8 790	2,9 %	- 2,1 %	+ 3,6 %
Cameroun	6 978	2,3 %	- 4,1 %	- 5,1 %
Espagne	6 667	2,2 %	+ 4,8 %	+ 25,5 %
Viêt Nam	5 863	2,0 %	- 6,0 %	- 12,0 %

Source *Campus France*, janvier 2016.

/// Vrai ou Faux ?

a) En 2015, plus de la moitié des étudiants étrangers inscrits en France venaient d'Afrique.

b) Le pourcentage d'étudiants italiens en France a beaucoup augmenté de 2010 à 2014.

c) En 2015, près d'un étudiant sur dix est chinois.

LA FRANCE CHERCHE À ATTIRER LES ÉTUDIANTS ÉTRANGERS

Talonnée par* l'Australie, la France réussit à conserver sa 3ᵉ place, derrière les États-Unis et la Grande-Bretagne. En effet, elle a accueilli 309 000 étudiants en 2015, soit 77 % de plus qu'en 2000. *Campus France* s'appuie sur un réseau de plus de 200 antennes dans le monde. Cette agence a pour mission d'informer les étudiants internationaux sur l'enseignement supérieur français, de les guider dans leur choix de formation, dans la constitution de leur dossier de candidature et de demande de visa. L'enjeu* est important et la concurrence* est rude : il s'agit d'attirer et si possible de garder les meilleurs étudiants pour pallier* le déficit de chercheurs, surtout dans le domaine des sciences dures (mathématiques, sciences…). Mais même s'ils retournent* dans leur pays après leurs études, ils y deviendront des ambassadeurs de la France.
Plusieurs mesures ont été prises pour permettre à la France de rester la 3ᵉ destination préférée des étudiants étrangers :
- La possibilité d'offrir des formations en anglais dans tous les établissements, y compris à l'université.
- La possibilité pour les étudiants étrangers de pouvoir travailler à mi-temps.
- La possibilité de pouvoir rester un an en France à la fin de ses études pour chercher du travail.
- La délivrance d'une carte de séjour pluriannuelle à tous les étudiants depuis le 1ᵉʳ novembre 2016.

Source *Campus France*, janvier 2017.

Vocabulaire 3
- **être talonné par…** : être suivi de très près.
- **un enjeu** : le risque, ce qu'on peut gagner ou perdre.
- **la concurrence** : la compétition.
- **pallier** : compenser, remplacer.

Grammaire 3
- « *avoir pour mission…* », « *avoir comme mission…* » : pas d'article devant le nom.
- *Il faut…/Il s'agit de…* (verbes impersonnels) : le sujet est toujours le pronom impersonnel « IL ».
- Attention aux **comparatifs irréguliers** : *bon = meilleur* (adjectif)/*bien = mieux* (adverbe).

PRODUCTION ÉCRITE

Vous : Vous êtes responsable d'une organisation étudiante, *Étudier sans frontières*. Votre rôle : renseigner et aider les jeunes étrangers qui veulent venir étudier en France.

Votre correspondant : Un jeune étudiant coréen de 19 ans qui veut commencer ses études de cinéma en France. Il désire s'inscrire à Paris III-Sorbonne Nouvelle. Il a étudié le français seulement pendant un an à l'Alliance française de Séoul, où il réside.

Ce qu'il veut savoir : Comment faire ? Quelles sont les démarches à suivre ?

/// 1. À vous ! En vous aidant des documents des pages précédentes, vous lui écrivez pour lui expliquer avec vos propres mots ce qu'il doit faire.

ÉTUDIER SANS FRONTIÈRES   Paris, le 1er mars 2018,

12, rue des Quatre Vents
75012 Paris
etudiersf@yahoo.fr

////////////////////////////// Plaisir de Lire... //////////////////////////////

– Toc-toc-toc-toc-toc toc…
– Vous ne voyez pas que c'est fermé !
– Mais sur la porte, c'est marqué que c'est ouvert jusqu'à 17 h. Et il est 16 h 15.
– Et alors ?
– Alors…
– C'est fermé, **F.E.R.M.É**. Vous ne voyez pas que c'est fermé ? Vous comprenez le français, oui !?
– Mais c'est ouvert puisque vous avez ouvert.
– Non, c'est fermé.
– Mais…
– Et il n'y a pas de « mais ». C'est comme ça ! C'est marqué « ouvert » mais c'est fermé !

(entendu dans un secrétariat d'université).

LEÇON 8 — ÉTUDIER EN FRANCE, DEUXIÈME ACTE : TROUVER UN LOGEMENT

OBJECTIF FONCTIONNEL : Comprendre un document explicatif (2).
LEXIQUE : Les différents modes de logement.
GRAMMAIRE : La relation cause-conséquence – La condition et l'hypothèse (1).

/// À votre avis, qu'est-ce qu'elle cherche ? Imaginez.

/// Vous feriez comment pour trouver un logement en France ?

Vocabulaire 1
- un journal, une petite annonce, se loger, les difficultés de logement.
- un appartement, un studio, une chambre de bonne, un quartier.
- un loyer, les charges.

DOCUMENT 1

A
LOCA-IMMO
Paris XV⁰ – Superbe studio plein sud, grande cuisine, salle d'eau, WC séparés.
6ᵉ étage asc. Balcon
1 150 € TTC
Frais d'agence : 900 €.

B
Paris XX⁰ Belleville
Studio 19 m², clair et calme
Pièce principale, cuisinette séparée – Salle d'eau avec WC – 4ᵉ étage ss ascenseur.
600 € + charges.
Agence s'abstenir.

C
ENTRE PARTICULIERS
Banlieue nord (Saint-Ouen) studette, coin cuisine, douche –
WC sur le palier –
6ᵉ étage –
500 € charges comprises.

D
Étudiant 24 ans, sérieux et calme, non fumeur Cherche studio calme confort, dans Paris – minimum 15 m² et maximum 600 €.
cedricleguen@noos.fr

E
URGENT !
Jeune couple cherche gd studio ou deux-pièces à Paris
ou proche banlieue.
Préférence RDC ou 1ᵉʳ étage.
S'adresser à jprenard@hotmail.com

/// **1.** Une offre peut correspondre à l'une des demandes. Lesquelles ?

/// **2.** Attention aux pièges ! Il y a deux-pièces et deux-pièces !
Devinette : Quelle est la différence entre un *charmant* deux-pièces, un *ravissant* deux-pièces, un *adorable* deux-pièces et un *beau* deux-pièces, un *vrai* deux-pièces, un *grand* deux-pièces ?

/// **3.** Il faut savoir traduire ! Développez cette annonce immobilière avec des phrases complètes.

> À deux pas de Montmartre studio 5ᵉ étage – clair – double vitrage
> Quartier animé, tous commerces – À rafraîchir, conf. possible.
> Gd potentiel ! Affaire à saisir imméd. LOGECO 01 45 56 84 32

/// **4.** Et maintenant, attention, lisez entre les lignes ! Répondez par *Vrai, Faux* ou *?* (si le texte ne le dit pas).

	Vrai	Faux	?
a) Ce studio est à Montmartre.	☐	☐	☐
b) C'est un quartier très calme.	☐	☐	☐
c) L'appartement est confortable.	☐	☐	☐
d) Il y a un ascenseur.	☐	☐	☐

DOCUMENT 2

A Étudiants et logement à Paris : bonjour la galère !

B Se loger dans Paris. C'est Paris-la-folie !

C Trouver à se loger à Paris : le chemin de croix de l'étudiant

D Paris : des centaines d'étudiants sans toit !

E Trouver un appart. à Paris : mode d'emploi

F Paris hors de prix !
Pour 100 000 étudiants, la course au logement a commencé.

G ILS SONT ÉTUDIANTS ET SDF* !
*SDF : Sans Domicile Fixe (personnes privées de logement, qui vivent dehors).

/// **1.** Quel est le point commun de ces titres de journaux ?

/// **2.** Quel est le titre le plus neutre ?

UNITÉ 3 /// 59

Rentrée étudiante : la course au logement

Il y avait, en 2016, plus de 50 000 étudiants étrangers à Paris et, hélas ! trop peu de résidences universitaires. C'est donc sans doute vers d'autres solutions qu'il faudra vous tourner.

Courage ! La difficulté à se loger est particulièrement grande pour les étudiants, surtout quand ils sont étrangers.

Il y a plusieurs raisons à cela. Tout d'abord, les prix ! Dans toutes les grandes villes, à commencer par Paris, le prix des logements de petite taille (studios, studettes*, chambres) s'envole ! En effet, ce qui est rare est cher. Et dans les villes universitaires, la demande dépasse presque toujours l'offre. À Paris, par exemple, il est presque impossible de trouver un logement correct, c'est-à-dire avec une douche et des toilettes à moins de 600 € par mois.

À ce loyer, il faut ajouter la caution que vous devez payer* à votre entrée dans le logement. Elle correspond en général à un ou deux mois de loyer mais elle vous est rendue à votre départ, si l'appartement est toujours en bon état.
Deuxième problème : vous devez trouver un garant* français, c'est-à-dire quelqu'un qui s'engage à payer à votre place si vous ne pouvez pas le faire.
D'autre part, les propriétaires se méfient souvent des locataires étudiants. Vont-ils payer leur loyer régulièrement ? Et s'ils déménagent à la cloche de bois* ? Et s'ils font des fêtes ?
Bref, pour toutes ces raisons, les étudiants sont souvent suspects. Le « racisme anti-jeunes » a toujours existé ! Et le racisme tout court aussi !

Alors ? Quelles solutions pour ceux qui n'ont pas trouvé de logement individuel ? Pensez à la colocation : vous avez une chambre pour vous et vous partagez les parties communes (cuisine, salle de bains…). C'est plus économique qu'un studio et c'est une bonne manière d'éviter l'isolement.

Ou bien pourquoi ne pas habiter dans un foyer ? Si vous avez peur d'arriver dans une ville où vous ne connaissez personne, si vous aimez partager et si vous acceptez certaines contraintes liées à la vie en communauté, c'est une bonne idée. Certains foyers sont très agréables !

Philippe Dubois, *Étudiants étrangers à Paris*, mai 2017.

* **déménager à la cloche de bois** : déménager, partir de son logement sans payer.

Vocabulaire 2
- **un studio, une studette** (= *mini studio*), une **chambre**, un **locataire**, un **propriétaire**.
- **payer son loyer, payer une caution** (*une somme qui sert de garantie*).
- **un garant, se porter garant pour** quelqu'un.

Grammaire 1
- **L'expression de la cause/conséquence. Observez ces phrases.**
Dans toutes les grandes villes, le prix des logements de petite taille s'envole ! **En effet**, *ce qui est rare est cher.*
(**en effet** introduit une explication)
Ce qui est très demandé est cher. **Par conséquent**, *les studios à Paris sont très chers.*
- **L'expression de la condition (1). Observez ces phrases.**
Si l'appartement est toujours en bon état, on vous rend la caution.
Si vous avez peur d'être seul, c'est une bonne idée d'habiter dans un foyer.

ACTIVITÉS DE COMPRÉHENSION ÉCRITE SUR LE TEXTE

A. Compréhension globale

/// 1. « *Pour un étudiant étranger, il est difficile de trouver à se loger à Paris* ». Quelles sont les quatre causes énoncées dans le texte ? Utilisez vos propres mots.

....

/// 2. « *Vont-ils payer leur loyer régulièrement ? Et s'ils déménagent à la cloche de bois ? Et s'ils font des fêtes ?* »
Qui parle ? Est-ce que c'est le point de vue de l'auteur ? Justifiez votre réponse.

....

B. Compréhension détaillée

/// 1. « *La difficulté à se loger est particulièrement grande pour les étudiants, surtout quand ils sont étrangers* ».
Quel paragraphe dans le texte développe ce point ?

....

/// 2. Le « *racisme anti-jeunes* » : à votre avis, pourquoi cette expression est-elle mise entre guillemets ?

....

ACTIVITÉS LINGUISTIQUES

• VOCABULAIRE

/// 1. Aidez-vous du contexte. Comment expliquez-vous le sens de : « *la caution vous est rendue à votre départ* » ?

/// 2. Classez ces mots en deux « *familles* » :
déplorer – les pleurs – explorer – implorer – explorateur – pleurnicher – exploration – pleurer.

/// 3. Chassez l'intrus !
loyer – loyal – location – locataire – louer – logement – locatif

• GRAMMAIRE

/// 1. *Relation cause/conséquence*. Complétez avec *en effet* ou avec *par conséquent*.

a) Rechercher un logement est particulièrement difficile pour les étudiants étrangers. .... , ils connaissent moins bien que leurs camarades français les petits « trucs » pour éviter les pièges.

b) Il a choisi d'habiter dans un foyer. .... , il avait peur de la solitude et il se sentait perdu dans cette ville inconnue.

c) Je vous rends votre studio en parfait état. .... , vous devez me rendre ma caution.

/// 2. *La condition et l'hypothèse* : « *Si + présent* ». Reliez.

1. Si vous aimez bricoler,   a) tu peux habiter dans un foyer.
2. Si tu aimes vivre en communauté,   b) vous pouvez éviter les pièges.
3. Si votre appartement est trop grand ou trop cher, c) ce studio « à rafraîchir » est parfait pour vous.
4. Si vous savez bien lire les petites annonces,   d) vous pouvez le partager avec quelqu'un.

POUR EN SAVOIR PLUS...

/// Lisez ces deux textes une fois et répondez aux deux questions qui suivent.

LA CITÉ INTERNATIONALE UNIVERSITAIRE DE PARIS

Un peu d'histoire
L'histoire de la Cité universitaire* de Paris commence en 1920, dans le contexte pacifiste de l'après-guerre. Un grand industriel français, E. Deutsch de la Meurthe, souhaite favoriser les échanges* entre étudiants venus du monde entier. Il pense qu'en apprenant à se connaître, les jeunes pourront maintenir la paix entre les peuples. Deutsch de la Meurthe prend contact avec le ministre de l'Éducation de l'époque, A. Honorat ; tous deux parcourent le monde pour chercher des fonds* et réaliser leur rêve d'un espace solidaire, tolérant, humaniste... Et le miracle a lieu : en octobre 1925, les premiers étudiants arrivent à la Cité internationale universitaire de Paris.

La Cité en chiffres
La Cité, c'est 34 hectares dans Paris. C'est 37 maisons et plus de 5 000 occupants de 130 nationalités différentes. Un tiers des résidents sont français. C'est aussi des restaurants universitaires, des théâtres, des cinémas, des équipements sportifs...
Mais ce qui est le plus important, c'est l'esprit d'ouverture qui y règne. Les multiples activités sociales, culturelles et sportives favorisent des échanges entre les étudiants.

POUR AVOIR UNE CHAMBRE À LA CITÉ INTERNATIONALE

Vous êtes étudiant
Vous devez avoir moins de trente ans, avoir un niveau de deuxième cycle et être régulièrement inscrit dans une université ou dans une grande école de l'une des trois académies de la région parisienne (Paris, Créteil, Versailles). Vous pouvez rester à la Cité trois ans au maximum.

Vous êtes stagiaire ou enseignant-chercheur
Si vous êtes stagiaire, vous devez avoir travaillé pendant au moins deux ans ; votre stage à Paris doit se dérouler dans une université ou une grande école et durer au moins trois mois.
Si vous êtes enseignant-chercheur, vous devez être officiellement invité par une université ou une grande école. Vous pouvez rester à la Cité deux ans au maximum.

Vous êtes post doctorant
Vous avez déjà obtenu un doctorat et votre projet de post doctorat a été accepté par une université ou une grande école. Votre séjour doit durer au moins trois mois et au plus deux ans.

/// Pensez-vous que le projet de Deutsch de la Meurthe était une utopie ?

/// À votre avis, pourquoi les étudiants de premier cycle ne peuvent-ils pas habiter à la Cité internationale universitaire de Paris ?

Vocabulaire 3
- **une cité universitaire, une résidence universitaire, un restaurant universitaire.**
- **favoriser les échanges universitaires** – **soutenir** un projet – chercher **des fonds** (= *un financement, de l'argent*).
- **Le cursus universitaire** est divisé en trois cycles : licence, master, doctorat (LMD).
- La France scolaire et universitaire est divisée en **académies**. Pour Paris et sa banlieue, il y a trois académies (Paris, Créteil et Versailles).

PRODUCTION ÉCRITE

/// **1.** Dans votre pays, comment sont logés les étudiants, en général ? *(8 lignes maximum)*

/// **2.** Vous êtes propriétaire d'un petit studio à Paris. Voilà trois candidats locataires : vous en choisissez un et vous donnez les raisons de votre choix.

A. Marina, russe – 24 ans – en 4ᵉ année de musique – célibataire – goûts : musique (piano, chant) – caractère : très gaie, ouverte, sociable, aime s'amuser, ordonnée – Non fumeuse.

B. Christian, français – 19 ans – en 1ʳᵉ année de droit – célibataire – goûts : musique (hard-rock), cinéma – caractère : sympa, aime la nuit, les amis, les sorties entre copains – Fumeur.

C. Henriette, canadienne – 29 ans – en doctorat de littérature française – célibataire – goûts : lecture, cuisine – caractère : solitaire, sérieuse, calme – Non fumeuse – Deux chats.

Plaisir de Lire...

Voici comment Balzac dépeint les conditions de logement des étudiants pauvres en 1819.

Les deux autres chambres étaient destinées aux oiseaux de passage, à ces infortunés étudiants qui ne pouvaient mettre que quarante-cinq francs par mois à leur nourriture et à leur logement ; mais madame Vauquer souhaitait peu leur présence et ne les prenait que quand elle ne trouvait pas mieux : ils mangeaient trop de pain. En ce moment, l'une de ces deux chambres appartenait à un jeune homme venu des environs d'Angoulême à Paris pour y faire son Droit et dont la nombreuse famille se soumettait aux plus dures privations afin de lui envoyer douze cents francs par an. Eugène de Rastignac, ainsi se nommait-il, ...

Honoré de Balzac, *Le père Goriot* (1834).

LEÇON 9
ÉTUDIER EN FRANCE, TROISIÈME ACTE : SE DÉBROUILLER À LA FAC

OBJECTIF FONCTIONNEL : Comprendre un document explicatif (3).
LEXIQUE : Les cours, les locaux universitaires.
GRAMMAIRE : L'imparfait – Le passé composé – Le plus-que-parfait.

/// Décrivez l'image en vous aidant du lexique.

/// Sur cette photo, comment la majorité des étudiants prennent leurs notes ?

Vocabulaire 1
- un amphi(théâtre), des étudiants, prendre des notes, un stylo, un ordinateur.
- être attentif, concentré ≠ distrait.

DOCUMENT 1

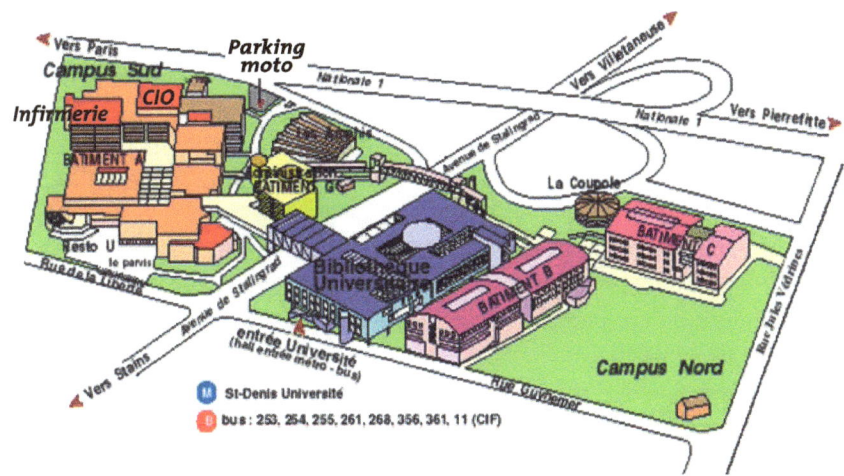

/// **1.** Vous avez trois cours salles A 211, B 314 et A 429. Situez-les sur le plan.

/// **2.** Vous êtes malade. Où est l'infirmerie ?

/// **3.** Vous venez à la fac en moto. Où est le garage pour les motos ?

Vocabulaire 2

• devant, derrière, à gauche, à droite, un bâtiment, un étage, une infirmerie, un restaurant universitaire (Resto U).

DOCUMENT 2

Emploi du temps de Valère H., 18 ans, en 1re année d'histoire – PREMIER SEMESTRE (octobre-janvier)

HEURES	LUNDI	MARDI	MERCREDI	JEUDI	VENDREDI
8 h-9 h			Statistiques		
9 h-10 h	Histoire moderne (amphi)				
10 h-11 h		Informatique		Histoire contemporaine (T.D.)	
11 h-12 h					
12 h-13 h					
13 h-14 h		Histoire Contemporaine (amphi)			
14 h-15 h	Géographie (Amphi)				Anglais
15 h-16 h		Sociologie			
16 h-17 h					
17 h-18 h	Géographie (T.D.)		Histoire moderne (T.D.)		
18 h-19 h					
19 h-20 h					

/// **1.** Combien a-t-il d'heures de cours par semaine ?

/// **2.** L'emploi du temps est-il bien équilibré ? Précisez votre réponse.

/// **3.** On propose à Valère un travail de baby-sitter. Deux fois par semaine, il doit aller chercher une petite fille à l'école à 16 h 30, la faire goûter et rester avec elle jusqu'au retour de ses parents, vers 20 heures. L'école de la petite fille est à 20 minutes en métro de son université. Quels jours peut-il y aller ?

MES PREMIERS JOURS À PARIS-VIII

Ewa, une jeune Polonaise raconte sur un forum ses expériences d'étudiante à Paris.

Cette année, j'étudie à l'Institut d'études européennes à Paris-VIII. Je me souviens très bien de mon premier jour de cours. D'abord, il faut dire que j'avais eu, l'année d'avant, une très mauvaise expérience ailleurs*, dans une autre fac à Paris. J'avais pleuré, pleuré, pleuré pendant toute l'année. Je voulais tout arrêter et rentrer chez moi.

Un jour, une amie* m'a dit qu'à Paris-VIII, les profs étaient plus compréhensifs et qu'on pouvait discuter de nos problèmes avec eux. Bref, je me suis inscrite là.

Première impression : pas terrible*. C'est loin, les bâtiments ne sont pas super. Mais la bibliothèque est géniale !

Bien sûr, je me suis perdue ; quand on ne connaît pas, c'est un peu chaotique*. Heureusement, j'ai trouvé des étudiants sympas qui m'ont aidée. Ils m'ont même accompagnée jusqu'à mon secrétariat.

À midi, j'ai déjeuné au Resto-U*. Les étudiants à ma table m'ont parlé, ils étaient marrants*. J'ai vu qu'il y avait beaucoup d'étudiants étrangers et ça m'a un peu rassurée. Je me suis sentie moins seule.

L'après-midi, j'ai eu mon premier cours. J'ai presque tout compris et ça m'a donné confiance.

Maintenant, j'ai deux bonnes amies et beaucoup de copains et copines. J'ai demandé des conseils à mes profs pour mieux comprendre les méthodes de travail à la française (c'est assez différent de chez moi). Je travaille beaucoup, à la bibli. et chez moi. Je me sens bien.

Ewa Kowalski, 21 ans (avril 2017).

Vocabulaire 3

- **ailleurs** : dans un autre endroit.
- une **amie** est plus proche qu'une **copine**.
- **pas terrible** : pas extraordinaire, pas très bien.
- **chaotique** ([kaotik]) : sans ordre, compliqué.
- **le resto-U** (restaurant universitaire), la **fac** (faculté) = l'université, la **bibli** (bibliothèque).
- **marrant** (*fam.*) : amusant.

Grammaire 1

- **Imparfait, passé composé et plus-que-parfait**

Le plus-que-parfait exprime une action, un fait ou un état antérieur à un autre temps du passé.
L'année d'avant, j'avais eu une mauvaise expérience.
J'avais pleuré toute l'année. En mai, je voulais tout arrêter.

- **La concordance des temps.** Observez.
Elle m'a dit qu'à Paris-VIII, les profs étaient plus compréhensifs.
J'ai vu qu'il y avait beaucoup d'étudiants étrangers.

- **Observez :**
1) *Ils m'ont aidée – ils m'ont accompagnée – ça m'a rassurée*
Aider quelqu'un, **accompagner** quelqu'un, **rassurer** quelqu'un (**construction directe**) → on accorde le participe passé avec le complément d'objet direct.

2) *Ils m'ont parlé*
Parler à quelqu'un (**construction indirecte**) → on n'accorde pas le participe avec le complément d'objet.

ACTIVITÉS DE COMPRÉHENSION ÉCRITE SUR LE TEXTE

A. Compréhension globale

/// 1. Répondez oralement ou par écrit en une phrase.

a) À votre avis, pourquoi Ewa a eu une mauvaise expérience l'année précédente ?

b) Quelle a été sa première impression en arrivant à Paris-VIII ?

c) Qu'est-ce qui lui a donné plus de confiance en elle ?

B. Compréhension détaillée

/// 1. « J'avais pleuré, pleuré, pleuré… ». Par quel adverbe pourrait-on remplacer cette répétition ?

....

/// 2. Dans la phrase « *Je voulais tout arrêter* », qu'est-ce qu'elle veut dire par « *tout* », à votre avis ?

....

/// 3. « *Ça m'a un peu rassurée…* ». Qu'est-ce qui l'a rassurée, exactement ?

....

ACTIVITÉS LINGUISTIQUES

• Vocabulaire

/// 1. Donner le synonyme de « rentrer » (l. 5).

/// 2. Cherchez dans le dictionnaire la différence entre « *compréhensif* » et « *compréhensible* ».

/// 3. Quelle différence de sens faites-vous entre « *parler d'un problème* » et « *discuter d'un problème* » ?

• Grammaire

/// 1. Mettez en ordre les six phrases de ce paragraphe.

a) Et elle a donc changé tous ses plans.

b) En 2015, Karen avait fait toutes les démarches pour s'inscrire à Toulouse.

c) Mais en juillet 2016, elle a rencontré Loïc, un irrésistible Breton.

d) En octobre, elle s'est inscrite à Rennes-II.

e) C'était normal, puisque ses parents vivent dans le Sud-Ouest.

f) Elle ne le regrette pas : elle adore et Loïc et Rennes !

/// 2. *Révision de l'impératif.* Transformez ces phrases à l'impératif, comme dans l'exemple. Vérifiez l'orthographe dans votre grammaire. Attention à la dernière phrase !

Exemple : *Il faut que tu t'inscrives à une mutuelle.* → **Inscris-toi** *à une mutuelle.*

a) Tu dois prendre ton courage à deux mains. → ....

b) C'est à toi d'aller vers les autres. → ....

c) Il faudrait que tu écoutes les conseils de ton copain. → ....

d) À toi de te décider ! → ....

e) Moi, à ta place, je continuerais mes études en France. → ....

f) Tu ne dois pas te décourager. → ....

POUR EN SAVOIR PLUS...

CLASSEMENT 2017-2018 DES MEILLEURES VILLES ÉTUDIANTES DE FRANCE

Chaque année, le magazine « L'Étudiant » classe les 44 villes étudiantes françaises selon divers critères*.
Lyon décroche la palme cette année, après avoir été quatrième en 2016.

Combien de fauteuils de cinéma compte la ville où vous faites vos études ? Combien d'heures de soleil chaque année ? Quel est le taux de chômage et le coût de la vie (transport, logement...) ? L'évolution du nombre d'étudiants ? Voilà le genre de critères que le magazine *L'Étudiant* prend en compte pour réaliser son classement annuel des 44 villes étudiantes en France.

Lyon obtient cette année la médaille d'or ; elle devance de quelques points les tenantes du titre 2016 (Grenoble) et 2015 (Toulouse), arrivées cette fois ex æquo. L'an dernier, Lyon avait fini quatrième derrière Grenoble, Rennes et Toulouse.

Le classement porte sur* cinq thématiques : la vie étudiante, le cadre de vie, l'emploi, l'attractivité* et la formation. C'est dans ces deux derniers domaines que Lyon se distingue : elle attire en effet un nombre grandissant d'étudiants internationaux ou français, et compte 25 % d'habitants de moins de 20 ans.

Côté formations, *« autour des trois universités généralistes* et de grandes écoles prestigieuses comme Centrale, l'INSA ou l'EM Lyon (école de commerce), nous offrons aussi plusieurs petites écoles d'ingénieurs très pointues* dans leur domaine. Cette excellence n'est pas nouvelle, mais l'offre s'est encore enrichie, et la ville est enfin reconnue à son véritable niveau universitaire »*, salue Jacques de Chilly (chargé du développement économique, de l'emploi et des savoirs à Lyon), cité par *L'Étudiant*.

Si les grandes métropoles* dominent le classement, d'autres villes plus petites suivent, comme Angers qui détrône* cette année Poitiers. Dans la catégorie des villes de taille moyenne, qui allient un coût de la vie moins élevé et un cadre de vie plus agréable, La Rochelle, en Charente-Maritime, arrive en tête.

Les quinze premières villes universitaires et leur score :
Lyon : 111 – Grenoble/Toulouse : 110 – Montpellier/Rennes : 109 – Bordeaux/Nantes : 104 – Paris : 101 – Strasbourg : 100
Angers : 98 – Aix-Marseille : 94 – Poitiers : 93 – Lille : 92 – Clermont-Ferrand : 89 – Nice : 87

Classement en fonction des critères
Meilleure attractivité : Paris
Meilleure formation : Rennes
Meilleure vie étudiante : Rennes/Strasbourg
Meilleur cadre de vie : Montpellier/Grenoble
Meilleures pour l'emploi : Nantes/Lyon/Toulouse/Bordeaux

Le Monde, le 06 Septembre 2017.

/// Quel est le contraire de :

a) attirer → .... b) enrichi(e) → .... c) arriver en tête → ....

/// Comment définiriez-vous « *un cadre de vie* » ?

/// Pourquoi, à votre avis, Montpellier et Grenoble arrivent-ils en tête pour ce critère ?
Consultez une carte de France et/ou Internet.

Vocabulaire 4

- **un critère** : une référence, ce qui permet de juger – **l'attractivité** : le caractère attirant, intéressant, séduisant – **une université généraliste** : qui comporte de nombreuses disciplines.
- **porter sur...** : concerner.
- **une école pointue** : très spécifique et de très bon niveau – **une métropole** (régionale) : la plus grande ville d'une région (Lyon, Toulouse, Bordeaux, Rennes...).
- **détrôner** *(dans ce contexte)* : dépasser.

PRODUCTION ÉCRITE

/// **1.** Vous vous souvenez de votre premier jour dans votre cours de français. Quels ont été vos pensées, vos sentiments (plaisir, crainte, déception...) ? Rédigez un texte de cinq à six lignes sur ce thème.

/// **2.** Dans votre pays, qui sont les étudiants étrangers ? Est-ce qu'il y a des actions pour les aider à s'intégrer (cours de langue, tutorat, aide des professeurs, stages pré-universitaires, etc.) ?

/// **3.** Parmi les villes citées page 68, choisissez celle où vous aimeriez étudier et donnez vos raisons.

/// **4.** Enquête

Connaissez-vous des étudiants français ou francophones qui étudient dans votre pays ?

Essayez de prendre contact avec un(e) étudiant(e) français(e) ou francophone qui étudie dans votre pays.

Par groupes de deux ou trois, rédigez quatre ou cinq questions que vous irez ensuite leur poser concernant :

– les raisons de leur venue dans votre pays ;

– les principales difficultés qu'il ou elle a rencontrées en arrivant ;

– les stratégies qu'il ou elle a utilisées pour mieux s'adapter à un contexte différent ;

– les relations avec les étudiants de votre pays, avec les personnes de leur immeuble, de leur quartier...

Ne soyez pas timide : les Français qui vivent chez vous seront très heureux de vous faire part de leur expérience et ravis de pouvoir parler en français avec vous !

Plaisir de Lire...

Simone de Beauvoir a été reçue au baccalauréat. À l'automne, elle va commencer ses études supérieures à la Sorbonne. Elle évoque son excitation et sa joie juste avant la rentrée universitaire.

Couchée sur les feuilles mortes, le regard étourdi par les couleurs passionnées des vignobles, je ressassais les mots austères : licence, agrégation... Et toutes les barrières, tous les murs s'envolaient. J'avançais, à ciel ouvert, à travers la vérité du monde.

Simone de Beauvoir, *Mémoires d'une jeune fille rangée*, Paris, Gallimard, (1958).

AUTO ÉVALUATION 3
Maintenant, vous savez...

/// Comprendre globalement un document informatif

Exercice 1 : *Lisez ce texte puis répondez aux trois questions qui suivent en cochant la ou les bonne(s) réponse(s).*

> Enfin, vous allez avoir votre « chez-vous ». À vous les repas spaghetti-sandwichs avec les copains, les fêtes, le droit au désordre... Bref, la liberté !
> Mais attention, la liberté a un prix... assez élevé. D'abord, il faut le trouver, ce studio. Comme vous êtes étudiant(e), vous n'avez pas de ressources ou très peu, le propriétaire voudra donc que des personnes (les parents, en général) se portent garants, promettent de payer à votre place en cas de problème. Et comme les propriétaires sont méfiants, ils demanderont tous les justificatifs de leurs revenus !
> Le loyer, plus les frais d'agence, plus l'assurance, plus la caution (un mois de loyer, en général), plus la taxe d'habitation, plus, plus, plus... Ça coûte cher, l'indépendance. Mais vous allez être si heureux, ça vaut bien des sacrifices.

a) Le texte a pour objectif d'encourager les jeunes à prendre leur liberté.   Vrai ☐ Faux ☐
b) En général, les étudiants ne peuvent pas avoir de justificatifs de ressources.   Vrai ☐ Faux ☐
c) Caution veut dire...   ☐ de l'argent comme garantie
   ☐ une promesse écrite de tout laisser propre
   ☐ une autorisation

Bonnes réponses : 3 points

/// Repérer les informations essentielles dans un texte

Exercice 2 : *Quelle est l'information essentielle dans ce texte ? Résumez-la en une courte phrase.*

Samantha est venue aux « jeudis de la colocation » organisés par le célèbre site Colocation.fr. Elle habite dans un trois-pièces depuis un an et demi. Elle a choisi la colocation parce que, venant de province (elle est strasbourgeoise), elle craignait de se sentir seule, surtout le soir. Et puis, cela permet aussi de se loger confortablement pas trop cher puisque le loyer est partagé. Elle partage son appartement avec deux autres filles, une Colombienne et une Française. Alors, pourquoi se trouve-t-elle ici ce soir ?
« J'ai joué de malheur, explique-t-elle. Maria-Luz est tombée amoureuse et elle va vivre chez son copain. Et Gaëlle part à Dublin dans le cadre des échanges Erasmus. Elle s'en va à la fin du mois. Dommage, on s'entendait bien toutes les trois. Total, je cherche deux autres colocs, et ça urge ! »

Bonnes réponses : 3 points

/// Repérer une information spécifique dans un texte

Exercice 3 : *Lisez attentivement une seule fois le texte et cocher la phrase exacte.*

Année scolaire 2014-2015 : les élèves non francophones

On recensait à cette période 52 500 élèves non francophones scolarisés :
– 25 500 élèves dans des écoles élémentaires
– 22 300 dans des collèges
– 4 700 dans des lycées

Ce chiffre est en hausse régulière depuis plusieurs années. Sur ces 52 500 élèves, neuf sur dix bénéficient, plus ou moins longtemps selon leurs difficultés, de cours spécialement adaptés et d'un soutien linguistique. Ces cours sont assurés par des enseignants volontaires et qui ont souvent un diplôme de didactique de Français Langue Etrangère (FLE) ou de Français Langue Seconde (FLS). Mais on essaie d'intégrer les enfants le plus vite possible à une classe « normale ».

À l'école élémentaire, ces élèves sont majoritairement scolarisés dans une classe correspondant à leur âge (64 %) et pour la plupart, ils rattrapent assez vite le niveau de leurs camarades français. Lorsque l'entrée dans le système scolaire français se fait à un âge plus avancé, à partir du collège et surtout au lycée, la proportion d'élèves « à l'heure » (c'est à dire affectés à une classe correspondant à leur âge) est nettement plus faible. Beaucoup ont un, deux, voire trois ans de retard.

Pour inscrire leurs enfants à l'école, les parents (avec ou sans titre de séjour) doivent s'adresser au maire pour l'école et au rectorat pour le collège ou le lycée. On vérifie que leur adresse correspond bien à l'école demandée et on essaie de ne pas former de ghettos pour que le français reste la principale langue de communication : une même nationalité ne peut pas dépasser 40 % des effectifs.

D'après la Note d'Information n° 35 du DEPP, octobre 2015.

a) Il y a un peu moins d'enfants non francophones dans les écoles françaises. Vrai ☐ Faux ☐

b) Tous les parents étrangers ont le droit d'inscrire leurs enfants à l'école. Vrai ☐ Faux ☐

c) Les instituteurs qui enseignent aux enfants étrangers ont tous un diplôme de didactique du FLE. Vrai ☐ Faux ☐

Bonnes réponses : 3 points

/// Repérer et utiliser les termes qui structurent un texte

Exercice 4 : *Placez dans ce texte les mots ou expressions suivants :* ensuite – bien entendu – d'abord – même si – également – en effet.

Votre enfant a presque trois ans et vous voulez l'inscrire à l'école maternelle à la rentrée prochaine.
Voici quelques conseils qui devraient vous aider.

............., *vous devez vous rendre au bureau des écoles, à la mairie, où l'on vous indiquera l'école où sera affecté votre enfant* .... *n'oubliez pas votre livret de famille et une pièce d'identité.*

Vous avez besoin .... *d'une attestation de domicile. L'employé(e) de la mairie vérifiera tous ces documents et vous donnera un certificat d'inscription.*

............., *vous devez vous présenter à l'école où le directeur (ou la directrice) enregistrera la demande d'inscription de votre enfant.*

Attention : .... *vous avez le certificat de la mairie, l'inscription définitive de votre enfant n'est pas automatique* ...., *cela dépend des places disponibles. Ne vous inquiétez pas : votre enfant sera inscrit dans une école toute proche.*

/// Repérer la chronologie dans un texte

Exercice 5 : *Reprendre dans l'ordre chronologique en utilisant des noms.*

Exemple : *1832 :* *naissance de Jules Ferry.*

Jules Ferry est né en 1832 et mort en 1893. De tendance républicaine, il s'oppose au Second Empire, puis aux débuts conservateurs de la IIIe République. C'est un pur républicain, anti royaliste et anti clérical. Cette tendance triomphe politiquement en 1879 et Jules Ferry accède* alors au pouvoir. De 1879 à 1885, avec quelques courtes interruptions, il est ministre de l'Instruction publique et des Beaux-Arts et Président du conseil des ministres. C'est donc lui qui dirige le pays mais il est surtout resté célèbre pour son action en faveur de l'instruction pour tous.

Les lois Jules Ferry

Jules Ferry et les républicains pensent que l'installation de la République ne pourra être complètement assurée que lorsque la formation et l'éducation des jeunes échappera à l'influence de l'Église catholique, alors violemment antirépublicaine.

Il fait voter en 1881-1882 des lois scolaires qui rendent l'école gratuite (1881), laïque et obligatoire (1882) pour tous les enfants de 6 à 13 ans.

Les lois de Jules Ferry veulent favoriser l'introduction des idées républicaines partout en France et donc permettre d'accéder au progrès. L'enseignement est donné en français. Un seul pays, une même langue : défense d'utiliser les langues régionales en classe. Est interdite aussi l'instruction religieuse à l'école. Une journée dans la semaine est laissée libre pour permettre aux familles qui le souhaitent d'envoyer leurs enfants au catéchisme*.

Son action en faveur de l'éducation pour tous le rend très célèbre, encore aujourd'hui. Un très grand nombre d'écoles, de collèges et de lycées portent son nom.

Jules Ferry et le colonialisme

Mais ses positions colonialistes lui sont souvent reprochées : c'est sous son gouvernement que la France s'empare de la Tunisie, de Madagascar, d'une partie de l'Afrique équatoriale et d'une partie de l'Indochine. Cette politique n'est pas appréciée de tous ; Jules Ferry est obligé de démissionner en mars 1885. Il échoue* à l'élection présidentielle de 1887 et il est battu aux élections législatives de 1889. Élu sénateur en 1891, il devient président du Sénat en 1893, trois semaines avant sa mort.

*accéder : avoir accès à, parvenir.
*le catéchisme : l'enseignement de la religion catholique.
*échouer ≠ réussir.

1879 : ....
1881-82 : ....
1885 : ....
1887 : ....
1889 : ....
1893 : ....

Bonnes réponses : 5 points

/// Exprimer la relation cause/conséquence

Exercice 6 : *Exprimer de quatre manières différentes la relation entre ces deux faits.*

La politique coloniale de Jules Ferry provoque beaucoup de critiques. Il doit démissionner en 1885.

a) ....
b) ....
c) ....
d) ....

Bonnes réponses : 2 points
(0,5 point par phrase correctes)

COMPTEZ VOS POINTS.
Vérifiez les bonnes réponses dans le corrigé à la page 122.

→ **DE 15 À 20 :** BRAVO ! Passez à l'Unité 4.

→ **DE 10 À 15 :** C'est bien. Regardez les corrigés pour comprendre vos erreurs, puis en avant pour l'Unité 4 !

→ **MOINS DE 10 :** Que se passe-t-il ? Relisez les textes et les exercices de l'Unité 3 (avec les corrigés), puis refaites cette autoévaluation. Courage ! Ce n'est pas grave.

UNITÉ 4 – INTRODUCTION

LE TEXTE NARRATIF

Le texte narratif raconte des événements qui se déroulent dans le *temps*.

Le roman, la nouvelle, le conte, la fable sont des textes narratifs.
Mais aussi les autobiographies, les biographies, les ouvrages d'histoire, les faits divers dans les journaux, à la télévision et même un récit oral.

Un texte narratif peut être identifié grâce aux caractéristiques suivantes :

- La présence de liens logiques de temps *(ensuite, le lendemain, ce jour-là...)*.
Nicolas Bouvier naît en 1929 à Genève. **Dès l'âge de 7 ans**, *il lit tout Jules Verne.* **Plus tard**, *au lieu d'entrer à l'université, il préfère partir sur les grands chemins.*

- La présence de **verbes d'action**.
Quand **nous sommes arrivés** *au port,* **nous avons déchargé** *la marchandise et* **nous sommes aussitôt repartis**...

- La présence des **temps du récit** : **le passé composé** *(ou* **le passé simple**, *seulement à l'écrit).*
Un jour d'été un jeune journaliste **est parti** *sur la route des Indes...*

- À la place du passé composé, on peut trouver également **le présent de narration** qui rend le texte plus vivant, contemporain du lecteur.
Nicolas Bouvier **naît** *en 1929 à Genève où il* **meurt** *en 1998.*
Une narration est souvent associée à une description, qui sera à **l'imparfait**.
Mon oncle nous **a raconté** *ses voyages(...) il se rappelait ces animaux qui* **traversaient** *la voie.*

- Les faits antérieurs à la narration seront au **plus-que-parfait**.
Un jeune journaliste est parti sur la route des Indes. En 1972, de retour de ces pays qu'il **avait visités**, *il s'est précipité chez son directeur.*

LEÇON 10 — AIILEURS, TOUJOURS PLUS LOIN...

OBJECTIFS FONCTIONNELS : Identifier un texte – Repérer le thème général du texte – Comprendre l'organisation d'un document.

LEXIQUE : Le voyage, l'aventure, les moyens de transport : le train.

GRAMMAIRE : Les temps dans la narration (rappel) – L'expression de la concession : *bien que* + subjonctif – Les noms de pays – Les prépositions.

/// Commentez cette photo. Imaginez d'où vient ce jeune homme et où il va.

Vocabulaire 1
- voyager, prendre un train, camper.
- un sac à dos, une carte, un train, des rails, une voie ferrée.

DOCUMENT 1

Qu'est devenu le train mythique d'Alausi ?

Mon oncle est allé en Équateur dans les années 1990, il nous a raconté cent fois ses aventures. Il se souvenait surtout de son voyage en train entre Alausi et Riobamba. Pas en train mais SUR le train. Oui, ses copains et lui avaient fait le voyage sur le toit du train. C'était un train en ziz-zag : le conducteur devait, de temps en temps, arrêter la machine, modifier l'aiguillage, reculer et repartir en sens inverse... Mon oncle se rappelait le bruit, la fumée, les ravins* profonds, la montagne à pic, les ponts de bois étroits, les animaux qui traversaient les voies, mais aussi la gentillesse des gens qui les saluaient au passage. Une aventure dangereuse mais super excitante ! Enfants, nous en rêvions.

Et l'année dernière, nous avons réalisé ce rêve, mon frère et moi. Déception ! Bien que ce soit toujours un train en zig-zag, bien que les paysages soient toujours extraordinaires... les choses ont bien changé.

D'abord, il ne reste que quelques kilomètres de lignes du train qui autrefois traversait toutes les Andes. Et puis, aujourd'hui, il est presque impossible de voyager sur le toit du train. Les wagons sont confortables et tout est organisé pour les touristes, surtout pour qu'ils dépensent le plus possible. Tout : la danse des Indiens qui ont passé à la hâte* leur costume pour les accueillir, les lamas qui se baladent comme des starlettes, le musée et le bar hors de prix*, tout sonne faux.

Brice D., Forum Internet (01/04/2016).

* **un ravin** : vallée très étroite aux pentes raides. / * **à la hâte** : très vite, précipitamment. / * **hors de prix** : très très cher.

/// **1.** Qu'est-ce qui faisait rêver les enfants qui écoutaient leur oncle ?

DOCUMENT 2

Le Lézard Rouge, la nostalgie de la Belle Époque

Si vous allez dans le sud de la Tunisie, prendre le Lézard Rouge est l'une des excursions à ne pas manquer. Ce train d'une demi-douzaine de wagons a été offert par le consul de France au bey de Tunis au début du XXe siècle pour ses déplacements entre ses palais et Tunis. Après l'indépendance de la Tunisie en 1956 et la proclamation de la République en 1957, ce train, symbole colonial et monarchique, a été abandonné. Renommé Le Lézard Rouge, ce n'est qu'en 1984, après une remise en état, que son exploitation a repris dans le sud tunisien. Meublé comme à l'origine, avec des salons aux fauteuils en cuir ou en tapisserie et un wagon-bar orné de boiseries, ce luxueux petit train Belle Époque part de Métlaoui et traverse les gorges de l'oued Selja, dans un décor de Far West. Ces somptueux canyons sont inaccessibles autrement. Au cours du voyage qui dure environ deux heures aller-retour, deux arrêts permettent d'admirer le paysage. Attention, arrivez une heure avant le départ, le train est souvent bondé*.

*bondé : archi-plein.

Source *Easy Voyage*, 17/11/2017.

/// **1.** Pourquoi les Tunisiens ont-ils abandonné ce train après 1956 ?

Grammaire 1

• RAPPEL : les temps de la narration – On utilise **le passé composé** pour exprimer un fait, un événement (*Mon oncle **est allé** en Équateur.*) et **l'imparfait** pour décrire ou pour exprimer un sentiment, un commentaire (*C'**était** un train en zig-zag.*), un état sans limite précise dans le temps (*Enfants, nous **rêvions** de partir en Équateur*).

• Attention à la conjonction **BIEN QUE** + *subjonctif* qui marque la **concession**.
Bien que le train **soit** toujours en zig-zag, les choses ont bien changé.

Sur la route avec Nicolas Bouvier : « Voyager, c'est s'attacher et s'arracher »

Nicolas Bouvier, *l'écrivain aux semelles de vent**, naît en 1929 en Suisse. Enfant, il découvre le goût de l'ailleurs dans les livres (son père est bibliothécaire) et en particulier dans Jules Verne.

Au lieu de poursuivre ses études à l'université, il part sur les chemins, encouragé par son père et effectue son premier voyage en solitaire en Finlande et en Laponie en 1948.

En 1953, il prend la route de l'Orient avec son ami Thierry Vernet, peintre et dessinateur, dans une vieille Fiat *Topolino*. Le périple, qui dure un an et demi et qu'il a relaté* dans *L'Usage du monde*, va de la Suisse jusqu'à Ceylan en passant par divers pays : Turquie, Iran, Afghanistan, Inde... Il décide ensuite de séjourner huit mois à Ceylan (ce sera *Le Poisson-Scorpion*), puis plusieurs années au Japon (*Chronique japonaise*). « *Je ne voyage pas*, disait-il, *je vis dans les pays* ».

Son livre le plus célèbre, *L'Usage du monde*, est un chef d'œuvre de la littérature de voyage, et un chef-d'œuvre tout court. Nicolas Bouvier était aussi un photographe de grand talent. Il est mort en 1998 à Genève.

Le voyage, pour Bouvier, c'est s'arracher à tout ce qui enferme, chercher dans le dénuement* la disponibilité nécessaire pour aller à la rencontre des autres, s'ouvrir à la diversité du monde.

Expérience allègre* et vertigineuse où le bonheur, intense, se paie cher. « *Certains pensent qu'ils font un voyage, en fait, c'est le voyage qui vous fait ou vous défait.* », écrit-il. « *Le monde vous traverse et pour un temps vous prête ses couleurs. Puis se retire et vous place devant ce vide qu'on porte en soi, devant cette espèce d'insuffisance centrale de l'âme.* »

Vocabulaire 2

- **l'écrivain aux semelles de vent** : allusion à Rimbaud, surnommé « *l'homme aux semelles de vent* ».
- **relater** : raconter.
- **le dénuement** : la pauvreté.
- **allègre** : joyeuse, heureuse, gaie.

Grammaire 2

- **Au lieu de** + nom : Pour mon anniversaire, **au lieu d'un bijou**, je préfère un voyage.

Au lieu de + infinitif : **Au lieu d'aller** en Croatie, si nous allions en Grèce ?

- **En fait** : en réalité (exprime une idée d'opposition).
- Lorsqu'il y a **plusieurs verbes ayant le même sujet**, on peut **ne pas le répéter**.

Le monde vous **traverse** et pour un temps vous **prête** ses couleurs. Puis **se retire** et vous **place** devant ce vide...

- **Attention** : à propos des noms de pays
– La plupart des **noms de pays ont un article**, sauf certaines îles : *Cuba, Malte, Chypre, Madagascar, Saint-Domingue...*
– Les **noms féminins** se terminent par « -e », sauf *le Mexique, le Cambodge...*
Ils se construisent avec la préposition « **en** » → *Je vais en Russie* – la préposition « **de** » → *Il arrive de Russie.*
Les noms commençant par une voyelle sont traités comme les noms féminins :
Je vais en France, elle habite en Iran, on est en Uruguay/Je viens de Pologne, d'Iran, d'Uruguay.
– Les **noms masculins** (le Brésil, le Japon, le Cambodge...) se construisent avec « **au** » (contraction de « à + le ») : *Je pars au Cambodge* – avec « **du** » (contraction « de + le ») : *Il vient d'où ? Du Cambodge ou du Vietnam ?*
– Les **noms sans article** se construisent comme les noms de villes, avec « **à** » : *Je vais à Cuba, à Malte* – avec « **de** » : *Je viens de Madagascar.*
– **Tous les noms pluriels** se construisent avec « **aux** » : *Il vit aux États-Unis, aux Antilles* – « **des** » : *Il vient des Pays-Bas, des Îles Fidji.*

ACTIVITÉS DE COMPRÉHENSION ÉCRITE SUR LE TEXTE

A. Compréhension globale

/// 1. Le texte comporte deux parties distinctes. Donnez-leur un titre.

....

....

/// 2. « Le monde vous traverse et pour un temps vous prête ses couleurs. Puis se retire et vous place devant ce vide qu'on porte en soi, devant cette espèce d'insuffisance centrale de l'âme. » Quelle est la tonalité de cette citation ? Expliquez-la avec vos propres mots.

....

B. Compréhension détaillée

/// 1. À votre avis, pourquoi son père l'encourage-t-il à voyager au lieu d'entrer à l'université ?
/// 2. Trouvez dans le texte le verbe qui correspond à « *vivre un certain temps dans un lieu, un pays, une ville...* ».
/// 3. Quelle différence feriez-vous entre « *voyager* » et « *partir sur les chemins* » ?

ACTIVITÉS LINGUISTIQUES

• VOCABULAIRE

/// 1. Quelle différence faites-vous entre « *partir* » et « *prendre la route* » ?
/// 2. Le mot « *périple* » est plus précis que le mot « *voyage* ». Cherchez le sens dans le dictionnaire.
/// 3. À partir de quel adjectif est construit le nom « *dénuement* » ?

• GRAMMAIRE

/// 1. Reportez-vous au texte. Mettez-le au passé composé du début jusqu'à « *...Fiat Topolino.* »
/// 2. Relevez tous les noms de pays mentionnés et donnez leur article.

Suisse = la Suisse

....

....

....

/// 3. « *Cette expérience se paie cher* » : ici, l'adjectif « *cher* » a une valeur d'adverbe.
Complétez avec l'adjectif/adverbe qui convient : dur – bon – faux – fort – droit – froid
    a) Hum... Ça sent .... !
    b) Dépêche-toi de te mettre à table. Sinon, tu vas manger ....
    c) Il a toujours travaillé ...., sans jamais prendre de vacances.
    d) Elle adore chanter mais, hélas, elle chante terriblement ....
    e) Ils allaient .... devant eux, sans un regard ni à droite ni à gauche.
    f) Chut ! Ne parlez pas si ...., les enfants.

POUR EN SAVOIR PLUS…

Les Français ont la bougeotte

« Il y a une très forte croissance des intentions de départs en vacances cet été. C'est très clair (...) et ça ne s'était pas produit à ce niveau-là depuis le début de la crise financière en 2008. » Jean-Pierre Mas, président des Entreprises du Voyage (EDV), est très optimiste pour 2017. Et il y a de quoi* : les membres des EDV enregistrent en effet depuis le début de l'année une croissance de 9 % du nombre de voyageurs et de 10 % en termes de chiffre d'affaires.

Cette année, les touristes français seront 1,2 million de plus à partir en vacances cet été, soit 30 millions de Français au total, estime le cabinet d'études Protourisme. « On est revenu grosso modo aux chiffres de 2015, avec 43 % de Français qui disent vouloir partir en vacances (+ 3 points) », a expliqué Didier Arino à l'AFP.

Mais cette reprise profite plus à l'étranger qu'à la France, selon les chiffres d'EDV, puisque les destinations moyen-courrier* connaissent une hausse de 14 %, le long-courrier + 13 % tandis que l'Hexagone ne progresse que de 4 %. Espagne, Grèce, Italie et Portugal sont en tête des destinations plébiscitées. La Tunisie et le Maroc font également de belles performances – un signe encourageant après plusieurs années difficiles pour la Tunisie.

L'Asie continue aussi d'attirer massivement les Français. La France d'outre-mer* réalise aussi une belle saison avec 40 % d'augmentation pour les Antilles et 17 % pour La Réunion. Enfin, les chiffres pour les États-Unis, première destination long-courrier des Français, restent stables.

En France, la Corse reste la destination la plus attractive, mais « *toute la façade Atlantique se porte bien* », notamment la Bretagne, et Bordeaux se positionne comme la ville que les Français ont le plus envie de visiter.

M.G. avec AFP, *Tour Hebdo*, 22 juin 2017.

Vocabulaire 3

- **il y a de quoi** : c'est justifié, cela s'explique facilement.
- **un vol moyen-courrier** : < ou + à 2 000 km/un vol long-courrier : > 2 000 km.
- **la France d'outre-mer** : par exemple les Antilles françaises (la Martinique, la Guadeloupe…), la Réunion, la Nouvelle-Calédonie etc.

Grammaire 3

- **ils disent vouloir partir** : ils disent qu'ils **veulent partir**.
- **Plus…. que** (attention : **davantage** en un seul mot).
Cette reprise profite **davantage** à l'étranger **qu'**à la France.
- Lorsque l'adjectif est placé avant le nom, « **des** » devient « **de** ».
La Tunisie et le Maroc font également **de** belles performances.

PRODUCTION ÉCRITE

/// **1.** Quel est votre moyen de locomotion préféré ? Dans la vie quotidienne ? Quand vous voyagez ? Pourquoi ?

/// **2.** IMAGINEZ. L'année dernière, vous avez reçu 2 000 euros et vous avez eu un mois de vacances. Où êtes-vous allé(e) ? Avec qui ? Avec quel(s) moyen(s) de transport ? En passant par où ? Qu'est-ce que avez fait ? Quels souvenirs gardez-vous de ce voyage ?
Utilisez le passé composé et l'imparfait pour raconter ce voyage.

/// **3.** Un train mythique : le Transsibérien. Informez-vous sur Internet et exposez en dix à douze lignes l'histoire de ce train, son parcours et ses caractéristiques.

////////////////////////// *Plaisir de Lire...* //////////////////////////

L'invitation au voyage

Mon enfant, ma sœur,
Songe à la douceur
D'aller là-bas vivre ensemble !
Aimer à loisir,
Aimer et mourir
Au pays qui te ressemble !

Charles Baudelaire, *Les Fleurs du mal*, Section « Spleen et idéal », LIII (1855).

LEÇON 11 — ET VOGUE LA GALÈRE !

OBJECTIF FONCTIONNEL : Identifier un texte – Repérer le thème général du texte
Comprendre l'organisation d'un document (2).
LEXIQUE : Le voyage, la mer, l'effort, la victoire, l'échec.
GRAMMAIRE : Le système des temps dans la narration (2) – La chronologie
La concordance des temps (2) – Le participe présent – La préposition « en ».

/// Commentez cette photo. Qui est cet homme ? Que fait-il ? Où va-t-il ?

Vocabulaire 1

- naviguer, voyager, découvrir, transporter, pêcher.
- un bateau, une barque, un navire, un voilier, la mer, le nuage, la vague, le vent, la voile.

DOCUMENT 1

Au fil de l'eau avec les marins d'eau douce !

Les péniches sur la Seine m'ont toujours fasciné. J'ai donc décidé de découvrir la vie des mariniers et j'ai embarqué* sur la péniche de Jean, qui avait accepté de me prendre à bord*. J'y ai passé deux jours. Il vivait là avec sa femme et son petit garçon. Un matin, nous sommes partis du Havre et nous avons remonté* le fleuve jusqu'à Rouen, où Jean devait fournir du sable et du ciment à un industriel. Il pleuvait et il y avait du brouillard ! Quand nous sommes arrivés au port, nous avons déchargé la marchandise et nous sommes aussitôt repartis pour être le lendemain à Paris, où nous avons livré du ciment. Là, j'ai quitté Jean. Sa vie était très dure. Il était toujours à bord, de jour comme de nuit, chargeant et déchargeant sa marchandise, remontant et descendant les canaux et les fleuves de France et d'Europe, mais il aimait cette vie avec son rythme lent, ses paysages changeants, et surtout, il aimait sa liberté.

*embarquer : monter sur un bateau (ou dans un avion) ; débarquer : descendre du bateau. (ou d'un avion).
*être à bord : être sur un bateau, ici, sur une péniche.
*remonter un fleuve : aller vers la source ; descendre le fleuve : aller vers la mer.

Source *Forum-mariniers*.

/// **1.** Ce document vous donne l'impression que le marinier est : ☐ heureux ☐ malheureux
Justifiez votre réponse.

/// **2.** Repérer dans ce document les passages purement narratifs.

/// **3.** Le transport fluvial est-il en perte de vitesse ? Renseignez-vous sur Internet et donnez les conclusions de votre recherche en quelques mots.

DOCUMENT 2

Voyager ou rêver avec un guide !

En 1968, un jeune journaliste rêvait de « la route des Indes »... Alors, un jour d'été, il est parti. En 1972, de retour de ces lieux merveilleux qu'il avait longuement visités (Istanbul, Téhéran, Islamabad, Goa, Katmandu), il s'est précipité chez le directeur de son journal pour lui annoncer : « Chef ! Je tiens un reportage sensationnel ! » Emballé* par l'enthousiasme du journaliste, le directeur a lancé une idée : « Avec autant d'informations, tu ferais mieux d'écrire un guide... ». Le journaliste a commencé alors un nouveau genre de voyage : le tour des éditeurs parisiens. Le guide a été refusé par 19 maisons d'édition... Finalement, un petit éditeur a accepté cette formule originale pour l'époque : un guide de voyage qui serait fait pour les jeunes qui n'ont pas beaucoup d'argent. La presse a été enthousiaste ! On a admiré cette étrange façon de voyager, les mains dans les poches et la fleur entre les dents... Et c'est ainsi qu'est né le Guide du Routard.

*emballé (fam.) : ravi, enchanté.

Source *Le journal des routards*.

/// **1.** Qu'est-ce qui vous semble plus difficile, partir sur la route des Indes ou essayer de faire éditer un guide de voyage ?

/// **2.** Que signifie l'expression « *Voyager les mains dans les poches et la fleur entre les dents* » ?

Grammaire 1

- Le participe présent : forme verbale invariable qui marque une action en train de se faire et qui se passe en même temps que l'action du verbe principal. Il peut être suivi d'un complément d'objet direct.
Il était toujours à bord [...] chargeant et déchargeant sa marchandise, remontant et descendant les canaux et les fleuves... : *il était toujours à bord [...] et il chargeait et déchargeait, il remontait et descendait...*
- Le passage du style direct au style indirect : *Il annonce : « Chef, je tiens un reportage sensationnel »* → *Il annonce à son chef qu'il tient un reportage sensationnel.* **Attention** à la concordance des temps : *Il a annoncé : « Chef, je **tiens** un reportage... »* → *Il a annoncé à son chef qu'il **tenait** un reportage....*

DU VENT DANS LES VOILES !

Le Vendée Globe est une course autour du monde à la voile, en solitaire*, sans escale* et sans assistance. Les concurrents suivent un itinéraire* précis. Ne pas le respecter, c'est être automatiquement disqualifié. Cette course a lieu tous les quatre ans.

Le 19 janvier 2017, c'est un skipper français, Armel Le Cleac'h qui a franchi, le premier, la ligne d'arrivée, suivi du skipper anglais Alex Thomson.

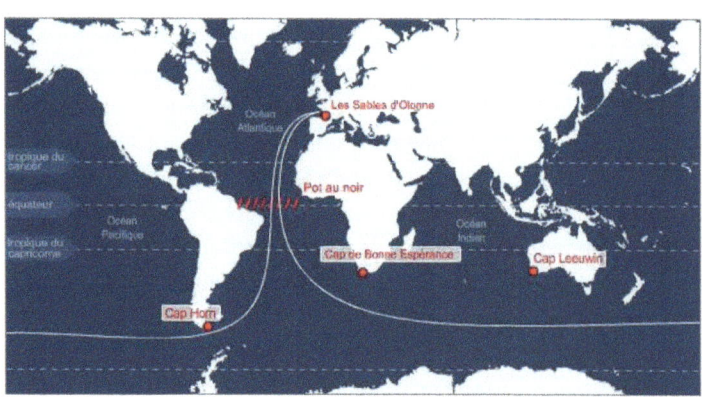

Le 6 novembre 2016, à 13 h 02, il avait quitté les Sables-d'Olonne, en Vendée, avec 29 autres concurrents. Le lendemain, il s'était retrouvé dans les vagues énormes du golfe de Gascogne, puis il était passé au large des* îles Canaries. Or, le 15 novembre c'est le skipper* anglais Alex Thomson qui avait franchi l'équateur en premier. Et à partir de ce moment, un duel homérique s'était engagé entre les deux hommes. Mais le 3 décembre, Armel Le Cleac'h, talonné par Thomson, avait repris la tête.

Deux jours plus tard, toujours en tête, il avait aperçu les côtes d'Australie. Au sud de l'Antarctique; il avait affronté une mer violente, des vents glacés et des icebergs. Après être remonté vers le cap Horn, rendez-vous de tous les vents de la terre, de toutes les vagues, il avait longé la côte brésilienne, était passé au large du Cap-Vert et enfin avait pris la dernière ligne droite vers le nord, vers les Sables-d'Olonne où il était arrivé le 19 janvier 2017. Il avait mis 74 jours 3 heures 35 minutes et 46 secondes pour cette épreuve, établissant ainsi un nouveau record.

Source *Le Petit Vendéen*.

Vocabulaire 2

- **en solitaire** : en solo, seul(e). Faire une course en solitaire, vivre en solitaire.
- **une escale** : action de s'arrêter pour embarquer ou débarquer des voyageurs ou du ravitaillement. *L'avion Paris-Sydney fait escale à Tokyo.*
- **un itinéraire** : chemin suivi ou à suivre pour aller d'un lieu à un autre. *J'étudie notre itinéraire pour la randonnée en forêt.*
- **le large** : la haute mer. Au large de : pas loin de.
- **un skipper** : personne qui dirige le bateau dans une course de bateaux.

Grammaire 2

- *Tous les quatre ans.*
Attention, on dit : *chaque jour, chaque semaine, chaque mois, chaque année.*
Et ces expressions sont toujours au **singulier**. On peut dire aussi, avec le même sens : *tous les jours, toutes les semaines, tous les mois, tous les ans.*
Et ces expressions sont toujours au **pluriel**.
Mais attention, on dira seulement : *tous les deux jours, toutes les trois semaines, tous les quatre mois, tous les cinq ans* (et non : **chaque deux jours...*).

- **Attention** aux termes temporels, aux termes de la narration : *d'abord, avant, après, dix jours plus tard, puis, ensuite, enfin..., le 6 novembre, le 19 janvier.*
Tous ces termes inscrivent la narration dans une temporalité ;
Attention : *après* + *infinitif passé* (avec un auxiliaire)
Après être entré, il allume la télé. *Après avoir allumé* la télé, il s'assoit dans son fauteuil.

- Tous les verbes au **plus-que-parfait**, marquent l'antériorité par rapport au 1er verbe du texte au passé composé.
*Le 19 janvier 2017, c'est un skipper français qui **a franchi** la ligne d'arrivée. [...] Le 6 novembre 2016(...), il **avait quitté** les Sables-d'Olonne.*

ACTIVITÉS DE COMPRÉHENSION ÉCRITE SUR LE TEXTE

A. Compréhension globale

/// 1. La course du Vendée-Globe a lieu :
- ☐ a) tous les ans.
- ☐ b) tous les quatre ans.
- ☐ c) tous les trois ans.

/// 2. À votre avis, quels étaient les sentiments d'Armel Le Cleac'h à l'arrivée ?

/// 3. Chaque navigateur a-t-il un itinéraire différent de celui des autres ?

B. Compréhension détaillée

/// 1. De quelle ville partent les navigateurs ?

....

/// 2. Que représentent ces dates ?   **6 novembre 2016**   **19 janvier 2017**

....

/// 3. Combien de jours Armel Le Cleac'h a-t-il passés en mer ?

....

ACTIVITÉS LINGUISTIQUES

• Vocabulaire

/// 1. Relevez dans le texte tous les termes qui ont un rapport avec la mer.

....

/// 2. Cherchez dans un dictionnaire le sens du mot « *disqualifié* » et donnez le contraire de ce mot.

Quel est le nom formé sur le verbe : *disqualifier* ? : ....

/// 3. Donnez dans l'ordre chronologique les différents lieux cités dans le document.

....

• Grammaire

/// 1. Récrivez le texte en commençant par les mots suivants : « *Le 6 novembre 2016, Armel Le Cleac'h a quitté les Sables d'Olonne...* »

/// 2. Remplacez les verbes soulignés par des participes présents.

Il était dans la librairie, et il <u>feuilletait</u> des livres de voyages, il <u>lisait</u> quelques pages, il <u>bavardait</u> avec le libraire.

....

/// 3. Passez du style indirect au style direct.

Armel Le Cloac'h a dit en arrivant : « Je suis très fatigué, mais heureux ». → Armel Le Cloac'h a dit en arrivant qu'il ....

....

UNITÉ 4

/// **POUR EN SAVOIR PLUS…**

Jules Verne et la mer !

Jules Verne qui était né à Nantes en 1828, aimait la mer et les bateaux. Pendant plus de vingt ans (de 1859 à 1884), il a entrepris de nombreuses croisières* qui l'ont conduit en Écosse, en Scandinavie, en Angleterre, dans la mer Baltique, en Méditerranée, où il visitera Lisbonne, Tanger, Gibraltar et Alger. Pour faire ces voyages, il avait acheté et aménagé d'abord le *Saint-Michel I*, puis le *Saint-Michel II*, et enfin un grand navire de 30 mètres à voiles et à vapeur, le *Saint-Michel III*. Il avait appelé ainsi ses bateaux d'après le nom de son fils Michel, né en 1861.

Mais c'est sur le plus grand paquebot du XIXe siècle, le *Great-Eastern*, qu'il ira à New York. Il fera sa dernière croisière en Méditerranée en 1884. Et jusqu'en 1905, date de sa mort, il ne reprendra plus la mer.

/// Citez quelques pays visités par Jules Verne.

/// Est-ce que le Great-Eastern appartenait à Jules Verne ?

Le Trophée Jules Verne !

Inspiré par un des romans de Jules Verne, *le Tour du monde en quatre-vingts jours*, le trophée* Jules Verne récompense, depuis 1992, le concurrent qui améliore le record du tour du monde à la voile. Le 20 avril 1993, Bruno Peyron, à la tête de son équipage, a bouclé un tour du monde resté célèbre, en 79 jours, 6 heures, 15 minutes et 56 secondes. Il est devenu ainsi le premier détenteur* du trophée Jules Verne. Par la suite, dix-sept équipages ont essayé de battre ce record. Six ont réussi. Mais Bruno Peyron lui-même ne se doutait pas que douze ans plus tard, dans la nuit du 15 au 16 mars 2005, il battrait son propre record et celui de tous les autres en faisant le tour du monde en 50 jours 16 heures et 20 minutes. En 2012, c'est son frère Loïc qui termine son périple en 45 jours, 13 h, 42 minutes et 53 secondes ; puis en janvier 2017, c'est Francis Joyon qui s'empare du trophée après 40 jours, 23 heures, 30 minutes et 30 secondes de navigation. La devise de ces marins est sans doute : *toujours plus vite !*

/// Quel est le roman qui a inspiré la course qu'on appelle le trophée Jules Verne ?

……

/// Bruno Peyron a amélioré son propre record. Combien de jours a-t-il gagné entre le premier et le dernier record ?

……

Vocabulaire 3
- **une croisière** : un voyage d'agrément effectué à bord d'un bateau de plaisance, à bord d'un paquebot.
- **un trophée** : objet, témoignage d'une victoire.
- **détenteur** : celui qui garde, qui tient en sa possession.

Grammaire 3
- Attention à la préposition « en » qui introduit l'idée du temps.
– **En + noms de mois** : *en janvier, en février, …*
– **En + un millésime** : *en 2016, en 2017, 2018…*
– **En + noms de saison** : *nous sommes en hiver, en été, en automne* (exception : *au printemps*).
– **En + expression qui marque un espace de temps** : *il a fait le tour du monde en 80 jours* (dans l'espace de temps de 80 jours) ; *j'ai fait ce travail en 2 heures*.
- Attention à la **concordance des temps** :
*Il ne **doute** pas* (présent) *que plus tard, il **battra** (futur) son propre record.*
*Il ne se **doutait** pas* (passé, imparfait) *que plus tard, il **battrait** (futur dans le passé, forme de conditionnel présent) son propre record.*

PRODUCTION ÉCRITE

/// **1.** Est-ce que vous aimeriez ou non vivre à bord d'une péniche ? Dans un cas comme dans l'autre donnez vos raisons ?

....
....
....
....

/// **2.** Vous êtes à bord d'un bateau de croisière : écrivez une lettre à un ami pour raconter votre vie à bord de ce bateau.

....
....
....
....

/// **3.** À partir des éléments suivants, racontez la vie de Jules Verne *(attention aux dates)*.

8 février 1828 : naissance à Nantes de Jules Verne

10 janvier 1857 : mariage à Paris

En 1847 : installation à Paris

Le 3 août 1861 : naissance de son fils Michel

En 1863 : *Cinq semaines en ballon*

En 1865 : *Les enfants du capitaine Grant*

En 1869 : *Vingt mille lieues sous les mers*

En 1872 : *Le Tour du monde en quatre-vingts jours*

En 1874 : *L'île mystérieuse*

En 1876 : *Michel Strogoff*

En 1905 : mort de Jules Verne à Amiens.

////////////////////////////// *Plaisir de Lire...* //////////////////////////////

Le voyage

C'est la contemplation silencieuse des atlas, à plat ventre sur le tapis, entre dix et treize ans, qui donne ainsi l'envie de tout planter là... La vérité, c'est qu'on ne sait comment nommer ce qui vous pousse. Quelque chose en vous grandit... jusqu'au jour où, pas trop sûr de soi, on s'en va pour de bon.

Nicolas Bouvier, *L'usage du monde.*

LEÇON 12

DE L'AÉROPOSTALE À L'AIRBUS 300NEO

OBJECTIFS FONCTIONNELS : Identifier un texte – Repérer le thème général du texte : comprendre des sentiments – Comprendre l'organisation d'un document (3).

LEXIQUE : Le voyage, l'avion.

GRAMMAIRE : Le système des temps de la narration (3) – Des verbes impersonnels.

/// Imaginez. Où va-t-elle ? Pour quoi faire ?

Vocabulaire 1

- un avion, une passerelle, une valise-cabine, un passeport, une carte d'embarquement, une piste, le décollage, un siège, un hublot.
- embarquer, attacher sa ceinture, suivre les consignes de sécurité, s'envoler, décoller, atterrir.

DEUX PRÉCURSEURS : LOUIS BLÉRIOT ET ROLAND GARROS

DOCUMENT 1

LOUIS BLÉRIOT (1872-1936)

Louis Blériot est un pionnier de l'histoire de l'aviation. Ingénieur de formation, il a commencé par construire des motocyclettes, puis des avions : *Blériot 1*, *Blériot 2*, *Blériot 3*, jusqu'au fameux *Blériot 11* qui a fait sa fortune ! À partir de 1907, il décide de voler lui-même sur ses propres machines.

En 1909, le journal britannique *Daily Mail* offre 25 000 francs-or à celui qui réussira à traverser la Manche en avion. Blériot tente sa chance à bord de son *Blériot 11*. C'est un appareil en bois, de 7 mètres de long, dont les ailes sont recouvertes de papier. Pour tout le monde, il est impossible de relever ce défi*. Et pourtant... Parti de Calais, Blériot rejoint Douvres en 37 minutes et gagne le prix. Sa renommée est immense, il continue à fabriquer de nouveaux appareils et retire de gros bénéfices de son entreprise.

Dès le début de la Première Guerre mondiale, le gouvernement demande à Blériot de fabriquer des avions en grande quantité. Au total, il en produit plus de 10 000 pendant la guerre.

/// **1.** Pourquoi, en 1909, la traversée de la Manche en avion était-elle un exploit ?

DOCUMENT 2

ROLAND GARROS (1888-1918)

Roland Garros, ce n'est pas seulement le stade où se déroule chaque année le tournoi des Internationaux de France de tennis, c'est d'abord le nom d'un immense aviateur. Passionné d'aviation dès l'adolescence, c'est lui qui, le premier, a réussi à traverser la Méditerranée en 1913.

Engagé comme pilote de chasse dès les premiers jours de la guerre, il est fait prisonnier et réussit à s'évader après trois ans d'une captivité* très dure. Il reprend immédiatement les commandes de son avion et meurt en 1918 lors d'un combat aérien. Il a laissé des mémoires où s'exprime toute sa passion. En voici un extrait, daté du 14 février 1916 :

« *Je contemplais pour la première fois le spectacle éblouissant de la mer de nuages. Au-dessus, un ciel bleu d'une pureté idéale. À ma gauche, un soleil comme on n'en peut pas voir de la terre, car elle est toujours enveloppée de vapeurs imperceptibles qui tamisent* les rayons lumineux, les décomposent ou les ternissent*. Là-haut, c'était de la lumière vierge dans de l'air vierge. C'était une volupté de voir et de respirer.* »

/// **1.** Quel est le point commun entre Louis Blériot et Roland Garros ?
/// **2.** Comment peut-on qualifier la personnalité de Roland Garros ?
/// **3.** Commentez en deux lignes et avec vos propres mots cet extrait de ses mémoires.

Vocabulaire 1
- **relever un défi :** accepter un challenge.
- **être captif :** être prisonnier.
- **tamiser :** laisser passer la lumière et l'adoucir.
- **terne** ≠ brillant.

Grammaire 1
- Attention à ces deux structures :
*Il est impossible **de** relever ce défi* (le sujet « il » est impersonnel) → *Il est impossible **de** + infinitif*.
*Ce défi est impossible **à** relever* (le sujet « ce défi » est personnel) → *Ce défi est impossible **à** + infinitif*.

L'Aéropostale et ses pilotes de légende

Au départ, l'entreprise Latécoère est une entreprise familiale qui fabrique des wagons. Durant la guerre, à la demande du gouvernement, le patron se lance dans la production d'avions de combat et, plus tard, il imagine une ligne commerciale reliant Toulouse à Casablanca puis en 1924 à Dakar, et cela malgré l'hostilité des tribus maures.

Jean Mermoz, engagé d'abord comme mécano en 1924 prend en charge dès 1926 le courrier sur la liaison Casablanca-Dakar ; il est capturé par les Maures et libéré contre rançon. L'année suivante, il réussit un vol (23 heures !) sans escale entre Toulouse et Saint-Louis du Sénégal aux commandes d'un *Laté 26*.

En 1927, la ligne Latécoère devient l'Aéropostale. Cette compagnie mythique a pour devise : « Le courrier doit passer », par tous les temps, malgré tous les obstacles. Beaucoup de pilotes y laissent la vie.

En cette même année 1927, Mermoz rencontre **Antoine de Saint-Exupéry**, basé au sud du Maroc, dont la mission est d'améliorer les relations de la compagnie avec les Maures. Mermoz, surnommé l'Archange, Saint-Exupéry et **Henri Guillaumet**, autre as* de l'Aéropostale, se lient d'une profonde amitié. Tous trois rêvent à de nouveaux défis : voler entre Rio et Buenos Aires, ouvrir la voie des Andes, traverser l'Atlantique sud, aller jusqu'en Patagonie...

Et ces rêves sud-américains se concrétisent. En mai 1930, Mermoz réussit à relier Saint-Louis (Sénégal) à Natal (Brésil) : c'est la première traversée de l'Atlantique Sud.

Mais très tôt, les pilotes sont confrontés à un obstacle de taille* : comment franchir la Cordillère des Andes ? Guillaumet s'y écrase le 13 juin 1930 et réussit par miracle à en sortir vivant, après cinq jours et quatre nuits de marche non-stop dans la neige. Antoine de Saint-Exupéry, qui est venu rechercher son ami, racontera plus tard cet exploit dans *Terre des hommes* (1939).

Quant à* Mermoz, il entreprend avec succès la première traversée de l'Atlantique (Paris-Buenos Aires) en 1933 et devient célèbre dans le monde entier.

Mais hélas, à cette époque, la mythique Aéropostale n'existe plus : mise en liquidation* en 1931, elle vient d'être reprise par l'État français qui crée Air France.

Mermoz, Guillaumet et Saint-Exupéry disparaissent tous les trois aux commandes de leur avion :
– Mermoz en 1936, à bord de *La Croix du Sud* ; c'était sa 25e traversée. *Mes vols*, son livre posthume, devient un best-seller.
– Guillaumet meurt en 1940, son appareil abattu par un chasseur italien.
– Saint-Exupéry disparaît lors d'un combat aérien, en juillet 1944, au-dessus de la Méditerranée. On ne retrouvera que sa gourmette* à Marseille en 1998. Mais l'auteur du *Petit Prince* n'est-il pas immortel ?

Mermoz, « l'Archange », ne sera jamais oublié non plus : depuis sa mort, les pilotes d'Air France portent une cravate noire en signe de deuil. Quant à Guillaumet, son extraordinaire aventure dans les Andes est restée, elle aussi, légendaire.

Vocabulaire 2

- **un as** : un champion.
- **un obstacle de taille** : un énorme obstacle (la Cordillère des Andes a des sommets qui dépassent 6 000 m).
- **quant à** : en ce qui concerne.
- **être mis(e) en liquidation** : en faillite.
- **une gourmette** : un bracelet d'argent où sont inscrits le nom et la date de naissance de la personne.

ACTIVITÉS DE COMPRÉHENSION ÉCRITE SUR LE TEXTE

A. Compréhension globale

/// **1.** Sur quoi est fondée l'amitié de ces trois pilotes ?

/// **2.** Que signifie exactement la devise de l'Aéropostale ?

/// **3.** Les trois « *as de l'aviation* » ont une destinée très comparable. En quoi ?

/// **4.** En quoi l'exploit de Guillaumet est presque incroyable ?

/// **5.** À votre avis, pourquoi Guillaumet est resté un peu moins célèbre que ses deux camarades ?

B. Compréhension détaillée

/// **1.** Qu'est-ce qu'un mécano ? Pourquoi précise-t-on ce détail (Mermoz a été engagé comme mécano) ?

/// **2.** Si vous regardez bien les dates entre 1926 et 1933, que peut-on dire de l'activité de Mermoz ?

/// **3.** À votre avis, pourquoi Mermoz est-il surnommé « *l'archange* » ?

/// **4.** Quel est le thème commun de tous les livres de Saint-Exupéry ? Si vous connaissez mal cet auteur, cherchez sur Internet.

ACTIVITÉS LINGUISTIQUES

• VOCABULAIRE

/// **1.** Cherchez dans le texte le ou les synonyme(s) de :
- pendant : .... / ....
- embauché : .... / ....
- mourir : .... / ....
- le chemin, la route : .... / ....
- se réaliser : .... / ....
- en ce qui concerne : .... / ....

• GRAMMAIRE

/// **1.** *La chronologie* : relevez toutes les indications temporelles du texte.

Ex : Au départ – Durant la guerre – plus tard – puis – En 1924

....
....

/// **2.** « *Jean Mermoz prend en charge dès 1926 le courrier* ».

• « prendre en charge », « prendre à cœur », « prendre peur.... » ; Le verbe prendre peut se construire avec à, de, en, par, pour, ou rien du tout (en construction directe). Utilisez UNE seule fois chaque possibilité.

a) N'essaie pas de me prendre .... les sentiments ! Ça ne marche pas avec moi !

b) Ne prends pas .... froid. Mets une écharpe et un bonnet.

c) Il a pris .... sa charge toutes les dépenses de cette installation.

d) Depuis un mois, il s'est pris .... passion pour cette série américaine stupide !

e) Mais il se prend .... qui, celui-là ?

f) La voiture volée a été prise .... chasse par la police mais a réussi à disparaître.

/// **3.** Faites une petite recherche sur Internet à propos d'Antoine de Saint-Exupéry et exposez votre recherche au passé composé et à l'imparfait en 8 à 10 lignes.

POUR EN SAVOIR PLUS...

Quinze ans après l'abandon du Concorde, la course à l'avion supersonique continue

Joyau technologique, en avance pour son temps, le Concorde a pourtant été un échec commercial : 14 exemplaires vendus seulement – sept pour Air France, sept pour British Airways, les deux seules compagnies qui avaient maintenu leurs commandes après le choc pétrolier de 1973. Le crash du 25 juillet 2000 près de Paris et la crise du transport aérien après les attentats du 11 septembre 2001 lui ont porté un coup fatal. Retiré du service en 2003, le Concorde est désormais une magnifique pièce de musée.

Depuis, plus aucun avion commercial ne peut se vanter d'emmener ses passagers à une telle vitesse. Mais cela n'a pas découragé les constructeurs aéronautiques toujours fascinés par le voyage supersonique. Ils continuent à développer de nouveaux appareils, plus petits que leur illustre prédécesseur, mais destinés à la même clientèle fortunée. Par exemple, Aerion Corporation + Airbus avec le AS2 capable de transporter 12 passagers de Paris à Washington en trois heures ou encore Spike Aerospace et le S-512 pouvant emporter 18 passagers à une vitesse de croisière de Mach 1,6. Un prototype doit voir le jour entre 2018 et 2020.

Texte adapté à partir de l'article de Jean-Baptiste Duval, Huffingttonpost.fr, 25 juillet 2015.

/// En quoi le Concorde était-il unique en son genre ?
/// Pourquoi le Concorde a-t-il été un échec commercial ?

Le match AIRBUS-BOEING – Le nouvel AIRBUS 330neo réussira-t-il à dépasser le 787 Dreamliner de BOEING ?

L'A330neo a pris son envol pour la première fois depuis l'aéroport de Toulouse jeudi 19 octobre 2017 au matin. Avec deux versions, l'A330-900 de 287 sièges et l'A330-800 de 257 passagers, cette version remotorisée du long-courrier best-seller d'Airbus a la délicate mission de concurrencer le 787 Dreamliner de Boeing. Ce ne sera pas facile : le Dreamliner a récolté 1 283 commandes depuis son lancement. Le nouveau membre de la famille A330 a-t-il les épaules assez larges face à ce concurrent de conception totalement nouvelle ? L'A330neo a en tout cas réalisé un départ commercial, sinon flamboyant, du moins correct. L'appareil a engrangé 212 commandes depuis son lancement en juillet 2014. Airbus assure que l'appareil permettra une économie de carburant par siège de 14 % par rapport à l'A330 classique, grâce au nouveau moteur, à des ailes plus larges (64 m), des « sharklets » (ailettes au bout des ailes) et à diverses améliorations aérodynamiques.

L'avionneur européen se veut donc confiant sur l'avenir commercial de l'avion. « *L'A330, c'est le long courrier le plus vendu au monde pour l'instant*, souligne le directeur général Fabrice Brégier. *L'idée, c'était de voir comment, avec les nouvelles technologies, on pouvait le relancer* ».

Airbus estime le marché potentiel autour d'un millier d'avions. Mais le marché des long-courriers est en plein ralentissement, avec seulement 48 commandes nettes de long-courriers Airbus depuis le début de l'année. Et Boeing résiste mieux à cette déprime, avec 126 commandes nettes de gros porteurs (787 et 777) depuis janvier.

Texte adapté à partir de l'article de Vincent Lamigeon, *Challenges*, 19 octobre 2017.

/// Est-ce que l'auteur de cet article est totalement confiant dans les perspectives du nouvel Airbus ? Justifiez votre réponse.

/// Le journaliste estime que les premières commandes du nouvel Airbus A330neo sont :

☐ **a)** fantastiques   ☐ **b)** moyennes   ☐ **c)** nulles

Cochez la bonne réponse.

/// Quelles sont les nouveautés apportées à AIRBUS 330neo par rapport au 330 « normal » ?

PRODUCTION ÉCRITE

/// **1.** Beaucoup de personnes ont une peur panique de prendre l'avion. Quels conseils pouvez-vous leur donner pour vaincre cette phobie ?

/// **2.** Essayez de vous souvenir de votre premier vol. Qu'avez-vous ressenti ?

/// **3.** « Vous rêvez de sports aériens ? Saut en parachute ? Parapente ? Saut à l'élastique ? Montgolfière ? Planeur ? Simulateur de vol ? Nous avons tout ce dont vous avez toujours rêvé ! Envoyez-nous un message sur notre site https://www.adrenactive.com/sports-aeriens.htm »

Vous écrivez un message à cet organisme pour vous informer sur les conditions d'inscription pour l'un de ces sports (prix, durée, accompagnement, assurance, risques etc.).

Plaisir de Lire...

« Tout à coup mon cheval se cabra ; il avait entendu un bruit singulier, j'eus peine à le maîtriser et à ne pas être jeté à terre, puis je levai vers le point d'où semblait venir ce bruit mes yeux pleins de larmes, et je vis à une cinquantaine de mètres au-dessus de moi, dans le soleil, entre deux grandes ailes d'acier étincelant qui l'emportaient, un être dont la figure peu distincte me parut ressembler à celle d'un homme. Je fus aussi ému que pouvait l'être un Grec qui voyait pour la première fois un demi-Dieu. Je pleurais aussi, car j'étais prêt à pleurer, du moment que j'avais reconnu que le bruit venait d'au-dessus de ma tête – les aéroplanes étaient encore rares à cette époque – à la pensée que ce que j'allais voir pour la première fois c'était un aéroplane. »

Marcel Proust, *À la recherche du temps perdu*.

AUTO ÉVALUATION
Maintenant, vous savez...

4

/// **Vous repérer dans un texte narratif**

Exercice 1 : *Comment sait-on que c'est une jeune fille qui raconte cette histoire ? Justifiez votre réponse.*

Il était minuit et demi et je rentrais chez moi en métro, après avoir passé la soirée avec des amis qui avaient organisé une fête pour mon anniversaire. Une demi-heure plus tard, la rame est arrivée dans ma station. Je me suis levée, je suis descendue sur le quai et j'ai quitté la station. La rue était déserte.
Tout à coup, j'ai remarqué qu'un homme me suivait. J'ai pressé le pas. Lui aussi a pressé le pas. Il était derrière moi. Je me suis mise à courir et je suis arrivée devant ma porte. J'ai composé rapidement le code qui commandait l'ouverture. J'ai poussé la porte et j'allais la refermer quand l'homme l'a poussée brutalement et est entré. Là, il est venu vers moi et d'un ton menaçant m'a demandé : « Ton argent, et vite ! ». J'ai dit en tremblant et en pleurant que je n'avais pas d'argent, que j'étais une étudiante pas très riche et que c'était mon anniversaire. Lui, m'a regardée un moment et puis il a dit : « Bon eh bien, bon anniversaire », et il est parti.

Bonnes réponses : 2 points

Exercice 2 : *Situez les lieux et les moments du récit.*

Exercice 3 : *Quel est le temps verbal le plus utilisé dans ce texte ?*

Exercice 4 : *Quels sont les autres temps du texte ?*

Bonnes réponses : 4 points

/// Retrouver l'origine d'un texte

Exercice 5 : *Ce document est-il... ?*

Une belle histoire de Noël

Alors qu'elle se rendait au supermarché pour effectuer ses dernières courses de Noël, Mme Amanda F., une femme d'une quarantaine d'années s'est arrêtée au bureau de tabac pour acheter un Millionnaire d'une valeur de 10 euros. Un peu nerveuse, cette mère de famille gratte son ticket et y découvre la somme de 1 000 000 d'euros. Elle n'y croyait pas, elle a failli s'évanouir d'émotion ; la pauvre était si troublée qu'elle a oublié de terminer ses achats de Noël et est rentrée chez elle bouleversée. Quels sont ses projets ? La nouvelle millionnaire a prévu d'acheter une maison, de partir en voyage et de gâter sa famille et ses amis.

D'après ladepeche.fr, décembre 2017.

☐ **a)** un récit historique   ☐ **b)** un fait divers   ☐ **c)** un conte

Bonne réponse : 1 point

Exercice 6 : *Relevez tous les termes désignant Amanda F. Pourquoi est-ce qu'on ne donne pas son nom de famille, à votre avis ?*

Exercice 7 : *Quel est le temps le plus important dans ce texte ?*

Bonnes réponses : 3 points

Exercice 8 : *Justifiez l'emploi du présent dans la phrase : « Elle gratte son ticket et y découvre la somme de 1 000 000 € ! »*

Bonnes réponses : 2 points

/// Organiser un récit

Exercice 9 : *Remettez de l'ordre dans ce récit.*

   a) Il était 7 heures du matin. Il faisait déjà chaud.

   b) Le vent qui soufflait doucement a poussé le voilier vers le large.

   c) Il est monté dedans, a hissé les voiles et a pris la barre.

   d) Il s'est dirigé vers le port. Son bateau y était amarré.

   e) Jean s'est levé, a mis un jean, un vieux pull-over et il est sorti de chez lui.

Bonnes réponses : 3 points

/// Comprendre les temps des verbes

Exercice 10 : *Mettez les verbes entre parenthèses aux temps convenables du passé.*

À minuit, le train *(quitter)* .... la gare. Des voyageurs *(être)* .... aux fenêtres pour un dernier adieu à ceux qui *(rester)* .... Puis chacun *(regagner)* .... sa place et le voyage *(commencer)* .... Quelques-uns *(se mettre)* .... à lire, d'autres *(s'endormir)* .... aussitôt. Certains *(rêver)* .... en pensant à ce qu'ils *(laisser)* .... derrière eux et à ce qu'ils *(aller trouver)* .... en arrivant.

Bonnes réponses : 5 points

/// Comprendre le sens des mots

Exercice 11 : *Associez les mots qui vont ensemble.*

1. vague   a) gare
2. aéroport   b) fleuve
3. péniche   c) mer
4. train   d) avion

Bonnes réponses : 2 points

COMPTEZ VOS POINTS.
Vérifiez les bonnes réponses dans le corrigé à la page 123.

→ **Vous avez plus de 15 points :** BRAVO ! Vous êtes prêt(e) à affronter l'Unité 5.

→ **Vous avez entre 15 et 10 points :** Plus près de 10, encore un petit effort ! Plus près de 15, c'est bien.

→ **Vous avez moins de 10 points :** Ne vous découragez pas. Vous pouvez faire encore des progrès. Corrigez vos fautes, essayez de les comprendre, puis après avoir effacé le corrigé, refaites les exercices de l'autoévaluation.

UNITÉ 5 – INTRODUCTION

LE TEXTE ARGUMENTATIF

Le texte argumentatif cherche à convaincre, à persuader, à prouver.
Il se donne pour but de défendre un point de vue, une thèse en donnant des arguments, des exemples.
Défendre une thèse, c'est souvent aussi contester une autre thèse.
On réfute alors les arguments de l'autre.

Ces éléments s'enchaînent grâce aux liens logiques, aux **connecteurs logiques** ou **chronologiques** qui permettent de souligner les articulations de la pensée en montrant bien le déroulement du raisonnement.

Ainsi le texte argumentatif se caractérise :
- par la présence de conjonctions qui indiquent :
– la cause *(en effet, parce que...)*
– la conséquence *(c'est pourquoi, aussi, ainsi, donc...)*
– l'opposition *(pourtant, toutefois...)*
– des adverbes de temps *(d'abord, ensuite, enfin...)*.

- par la présence d'**expressions de la concession.**
Dans une argumentation, on peut parfois donner l'impression qu'on est d'accord avec l'autre, mais c'est pour mieux ensuite le contredire.
On trouvera donc des expressions comme : *certes, bien sûr, assurément...*

*Qui refuse de défendre la nature ? Qui proclame qu'il veut polluer l'atmosphère ? Personne. **Et pourtant** les pollueurs existent et il faut les combattre. **C'est pourquoi** nous luttons pour que disparaissent les énergies responsables de l'effet de serre. Il existe **en effet** des sources d'énergie renouvelables, qui ne sont pas nuisibles pour l'atmosphère. **Certes**, il n'est pas facile d'abandonner du jour au lendemain des sources d'énergie comme le pétrole, **mais** il est temps que les gouvernements comprennent l'urgence du problème.*

On rencontre le texte argumentatif dans des articles, des essais, dans la publicité, dans des débats.

LEÇON 13

POUR OU CONTRE LES MÉDECINES DOUCES

OBJECTIFS FONCTIONNELS : Comprendre un point de vue – Comparer deux points de vue différents – Repérer des arguments.

LEXIQUE : La médecine, les thérapies alternatives.

GRAMMAIRE : Le « si » de concession – L'expression de la cause (3) : *parce que/puisque* – *Pourtant/cependant* – *En revanche/par contre*.

SALON BIEN-ÊTRE MÉDECINE DOUCE & THALASSO

Les bienfaits de la nature

Alimentation équilibrée – Cosmétiques bio
Médecine douce – Compléments alimentaires
Art de vivre – Tourisme

31 janv. – 4 févr. 2018
Foire-expo. de Paris – hall 5

/// Que veut nous communiquer cette image ?

Vocabulaire 1

- les médecines douces, les médecines parallèles, les médecines alternatives, la médecine naturelle.
- un magasin « bio », des produits « bio », l'agriculture biologique.
- le bien-être, la relaxation, se détendre, un massage, un onguent, des oligoéléments.
- une cure thermale, une cure de thalassothérapie.
- la parapharmacie, une herboristerie, des remèdes naturels.

UNITÉ 5

DOCUMENT 1

Le boom des médecines douces

Alors qu'aux XIXe et XXe siècles triomphent les sciences exactes, dont la médecine, il semble qu'au XXIe siècle, cette passion pour la science ait bien décliné* au profit des médecines parallèles, qui connaissent une vogue croissante. Il faut dire que la médecine classique n'a pas tenu toutes ses promesses : le cancer ou le sida reculent, c'est vrai, mais n'ont pas disparu. Moins graves, les maladies de peau, les troubles digestifs, les migraines, etc., résistent souvent aux traitements du généraliste*.

Alors on se tourne vers d'autres façons de se soigner, l'homéopathie, l'ostéopathie, les plantes... Plus d'un quart des Français ont adopté ce mode de médication. Pourquoi ?

Pour certains, la médecine traditionnelle est trop agressive (« Ras-le-bol* d'avaler des médicaments ! Ras-le-bol du tout chimique ») ; pour d'autres, il est nécessaire de prendre en considération tout l'organisme et pas seulement la partie du corps atteinte : (« L'homme est un tout ») ; d'autres, enfin, veulent être associés au traitement. Ils reprochent aux médecins classiques de les traiter comme des enfants ou comme des idiots, à qui l'on « administre » les remèdes sans donner la moindre explication.

* **décliner :** baisser, diminuer.
* **le (médecin) généraliste** ≠ médecin spécialiste.
* **ras-le-bol** *(fam.)* : assez, stop.

/// 1. Cherchez dans le texte un mot synonyme de :

a) médecine parallèle : .... b) un remède : ....

c) la médication : .... d) considérer comme : ....

/// 2. Comment le texte explique-t-il la vogue des médecines douces ?

DOCUMENT 2

UN EXEMPLE DE MEDECINE DOUCE, LA SOPHROLOGIE

Mis au point en 1960 par le Dr Alfonso Caycedo, psychiatre colombien, la sophrologie est une synthèse des techniques orientales de méditation, de yoga et de relaxation occidentale. Elle permet d'affiner l'état de conscience, de vaincre la peur et d'optimiser ses possibilités.

Une internaute nous fait part de son expérience :

Une infirmière psychologue m'a conseillé en septembre dernier de me tourner vers la sophrologie. Je n'arrivais pas à gérer mes émotions et mon stress... J'ai donc décidé de prendre contact avec ce cabinet* situé à proximité de chez moi. J'ai été suivie pendant presque 3 mois, suite à une accumulation de problèmes professionnels et personnels. J'ai tout de suite été séduite par la sophrologie. Les séances m'ont fait beaucoup de bien et je les reproduis chez moi une à deux fois par semaine. Depuis, je constate une différence en moi, je me sens moins énervée, plus zen et je maîtrise mieux mes réactions... Merci !

***un cabinet :** lieu où travaillent les « professions libérales », comme les médecins, infirmiers, avocats...

Virginie Sanson, janvier 2016.

/// 1. Répondez par Vrai ou Faux ou ? (si le texte ne le dit pas).

	Vrai	Faux	?
a) Seul, un médecin peut ordonner des séances de sophrologie.	☐	☐	☐
b) La sophrologie aide à surmonter sa nervosité.	☐	☐	☐
c) Il faut un minimum de trois mois pour avoir un résultat.	☐	☐	☐
d) On peut faire soi-même certains des exercices de sophrologie.	☐	☐	☐

MÉDECINES ALTERNATIVES : OUI MAIS... PRUDENCE !

Bien des traitements qui finissent en -pathie ou en -thérapie (thalassothérapie, phytothérapie*, oligothérapie*, aromathérapie*, héliothérapie, ostéopathie...) ont un point commun : la médecine officielle ne les reconnaît pas puisqu'elle ne valide que ce qui est démontré scientifiquement ; or, les médecines dites « douces » relèvent de l'empirisme*, elles sont le résultat d'observations et d'expériences individuelles. Les études qui ont tenté de vérifier scientifiquement l'efficacité de telle ou telle thérapie ne sont guère concluantes* et les résultats ne sont convaincants ni dans un sens ni dans un autre. Pour ou contre ce type de médication, le débat continue donc de faire rage*, chez les médecins en particulier.

Pour certains, les médecines alternatives présentent un réel danger. En effet, selon eux, des milliers de cas ont été recensés où le recours aux médecines dites « douces », « alternatives » a eu des résultats catastrophiques. Sont mentionnés pêle-mêle* les lésions causées par des acupuncteurs non qualifiés, les paralysies provoquées par des ostéopathes maladroits*, les cancers de la peau à la suite de puvathérapies* mal dosées...

Ils invitent les pouvoirs publics à faire le ménage dans ce domaine, à veiller à ce que* les praticiens en exercice soient diplômés et accrédités*, et ils encouragent les patients à prendre tous les renseignements utiles avant de commencer un traitement de ce type.

Pour d'autres, en revanche, s'il faut bien entendu se défendre des* charlatans, trop nombreux dans ce secteur, il n'est pas inintéressant d'associer médecine classique et médecine douce, considérées comme complémentaires. D'ailleurs, l'OMS (Organisation Mondiale de la Santé) recommande d'étudier l'efficacité de ces médecines et, le cas échéant*, de les intégrer dans les traitements. Certaines de ces disciplines alternatives sont d'ores et déjà* couramment utilisées en médecine « classique », l'acupuncture par exemple.

Si les médecins ne sont toutefois guère favorables dans l'ensemble à ces thérapies, ce n'est pas le cas des Français, qui en redemandent ! Jamais l'engouement pour les médecines douces n'a été aussi vif !

Vocabulaire 2

- **phytothérapie :** traitement à base de plantes.
- **oligothérapie :** traitement à base de métaux.
- **aromathérapie :** traitement à base de plantes aromatiques (thym, romarin, sauge, etc.).
- **l'empirisme** ne repose que sur l'expérience et non sur des hypothèses et un raisonnement scientifique.
- **guère concluants :** peu convaincants, peu décisifs.
- **le débat fait rage :** la discussion est très vive.
- **pêle-mêle :** en désordre.
- **puvathérapie :** traitement à base de rayons ultraviolets.
- **veiller à ce que :** faire attention à ce que.
- **accrédités :** reconnus officiellement.
- **se défendre de :** se méfier de.
- **le cas échéant :** en ce cas, si ce cas se présente.
- **d'ores et déjà :** dès maintenant.

Grammaire 1

- Le « **SI** » n'exprime pas toujours la condition ou l'hypothèse.
Dans la phrase : « ... *s'il faut bien entendu se défendre des charlatans, trop nombreux dans ce secteur, il n'est pas inintéressant d'associer médecine classique et médecine douce...* » → le « **SI** » exprime une idée de concession (comme dans « *même si* »).

- **PUISQUE/PARCE QUE**
PARCE QUE répond à la question : Pourquoi ? **PUISQUE** suppose que la raison est déjà connue.
– *Pourquoi* la médecine officielle ne reconnaît pas les médecines douces ?
– *Parce qu'*elle ne valide que ce qui est démontré scientifiquement.
– Bien. *Puisque* la médecine officielle ne les reconnaît pas, la Sécurité sociale ne rembourse rien. (Le fait que la médecine officielle ne reconnaît pas les médecines alternatives est déjà énoncé, déjà connu.)

ACTIVITÉS DE COMPRÉHENSION ÉCRITE SUR LE TEXTE

A. Compréhension globale

/// 1. Pourquoi la médecine classique refuse-t-elle de valider les médecines alternatives ?

....

/// 2. L'OMS accepte-t-elle les médecines douces au même titre que la médecine classique ?

....

B. Compréhension détaillée

/// 1. Est-ce que la médecine « *officielle* » reconnaît tous les traitements qui finissent en -pathie ou en -thérapie ?

....

/// 2. D'après le contexte, comment comprenez-vous les mots « *charlatan* » et « *engouement* » ?

....

/// 3. Et l'expression : « *faire le ménage dans ce secteur* » ?

....

/// 4. Comment sentez-vous la différence entre : « *Il est intéressant d'associer médecine classique et médecine douce* » et
« *Il n'est pas inintéressant d'associer médecine classique et médecine douce* » ?

....

ACTIVITÉS LINGUISTIQUES

• VOCABULAIRE

/// 1. Barrez l'intrus.
   a) médicament – médecin – médicalement – méditation – médecine – médication.
   b) praticien – pratique – patricien – pratiquement – pratiquer.

/// 2. « *Ils invitent les pouvoirs publics à faire le ménage dans ce domaine* ». Quel est ici le sens du verbe « *inviter* » ?

• GRAMMAIRE

/// 1. « *S'il faut bien entendu se défendre des charlatans, trop nombreux dans ce secteur, il n'est pas inintéressant d'associer médecine classique et médecine douce.* ». Dans cette phrase, le « *si* » marque l'idée de concession. Trouvez un autre exemple de « *si* » de concession dans le texte.

/// 2. Résumez le texte de la page 98 en suivant la trame suivante.

Les médecins ne sont pas d'accord sur l'attitude à adopter face aux médecines alternatives. **Les uns** ....

parce qu'ils estiment que ....

Les autres, ..., sont d'avis que ....

....

L'OMS leur donne raison. **En effet,** ....

....

Quant aux Français, ...

UNITÉ 5 /// 99

POUR EN SAVOIR PLUS...

L'hypnose, ça marche... mais pas pour tout, ni pour tout le monde

L'hypnose est un moment suspendu entre veille et sommeil car, contrairement aux idées reçues, durant la séance, le patient ne dort pas. L'activité cérébrale, quoique différente de celle de l'état d'éveil, reste intense.

Déjà utilisée au XIXe siècle en psychiatrie, l'hypnose rencontre un succès grandissant chez les médecins depuis les années 1950, y compris en France. Pourtant, elle est encore parfois considérée comme sulfureuse* et n'est toujours pas reconnue par l'Ordre des médecins. Et les études scientifiques dans l'Hexagone ont tardé à valider, ou non, son efficacité. Cependant, en septembre 2015, est paru un premier rapport de l'Institut national de la santé et de la recherche médicale (Inserm) sur le sujet.

Selon l'analyse de plus de 50 essais cliniques publiés entre 2000 et 2014, l'efficacité de l'hypnose est démontrée dans deux indications : au bloc opératoire lors d'opérations nécessitant une anesthésie locale et dans la prise en charge de la maladie du côlon* irritable.

En revanche, selon le rapport de l'Inserm, aucun avantage n'a pu être démontré en ce qui concerne d'autres applications (sevrage tabagique, prise en charge de la douleur lors de l'accouchement, schizophrénie, dépression...). Une conclusion qui pourrait être liée au fait que les outils scientifiques standardisés prennent difficilement en compte le ressenti et la subjectivité des patients, primordiaux dans des techniques comme l'hypnose...

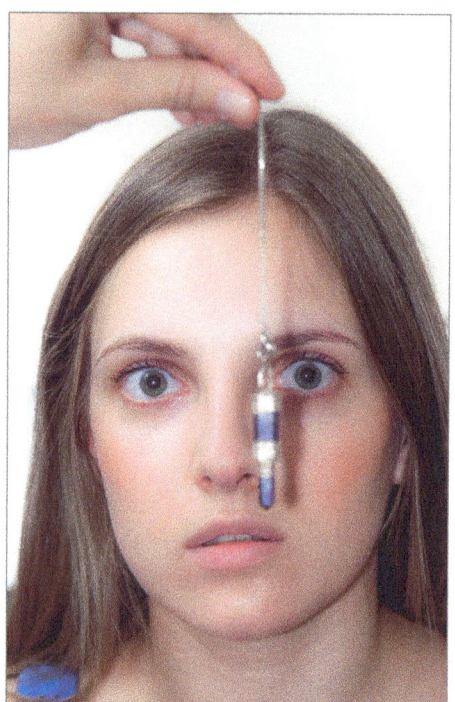

Source *Sciences et Avenir*, 3 mars 2017.

***Sulfureuse** : qui sent le soufre, diabolique.
***le côlon** : le gros intestin.

/// Dans quels cas l'hypnose n'a pas ou pas encore démontré son efficacité ?

Grammaire 2

- **La succession des arguments** : *d'abord..., ensuite..., enfin...*
- **L'expression de l'opposition/la concession** : *pourtant, cependant*

L'hypnose rencontre un succès grandissant chez les médecins. **Pourtant**, *elle est encore parfois considérée comme sulfureuse... Les études scientifiques dans l'Hexagone ont tardé à valider son efficacité.* **Cependant**, *en septembre 2015, est paru un premier rapport de l'Institut national de la santé et de la recherche médicale (Inserm) sur le sujet.*

- **L'expression de la comparaison/l'opposition** : *en revanche, par contre*

L'efficacité de l'hypnose est démontrée dans deux indications : lors d'opérations nécessitant une anesthésie locale et dans la prise en charge de la maladie du côlon irritable. **En revanche**, *selon le rapport de l'Inserm, aucun avantage n'a pu être démontré en ce qui concerne d'autres applications.*

PRODUCTION ÉCRITE

1. Résumez ce texte en six lignes maximum.

2. Que pensez-vous de ce texte ? Pensez-vous, vous aussi, que le rire peut être un remède ? Justifiez votre réponse en proposant des exemples.

Pourquoi le rire est bon pour la santé

On dit souvent que rien ne vaut un bon fou rire pour que tout s'arrange. Mais qu'en est-il exactement ?

Dès le Moyen Âge, certains médecins pensaient que faire rire les malades les aidait à guérir plus vite. Et en effet, le rire a des vertus psychologiques et physiologiques qu'on redécouvre aujourd'hui.

Psychologiquement, rire nous permet de nous détendre, de sortir d'un état de dépression, de tristesse... En riant, on oublie ses problèmes, on est comme hors de soi-même. C'est aussi un moyen de se protéger, de prévenir les chagrins, les doutes... C'est comme un réflexe d'autodéfense. D'ailleurs, certains humoristes ne sont pas très gais. Ils sont souvent fragiles, facilement déprimés.

Les vertus physiologiques du rire sont moins connues. Certes, on sait que le diaphragme se tend et se détend, que c'est comme un massage qui agit sur la respiration, le système cardiovasculaire, les muscles abdominaux... Cela explique qu'après une bonne crise de fou rire, on se sent fatigué comme après une séance de gymnastique !

En riant, on évacue son agressivité et les problèmes de tension diminuent. Des études très sérieuses menées aux États-Unis ont montré que les rieurs, ceux qui apprécient l'humour, sont moins souvent atteints de maladies cardiovasculaires (infarctus, par exemple) que les autres.

Conclusion : riez, riez, riez... C'est un remède économique et vous vous porterez mieux !

3. Dans votre pays, est-ce qu'on a recours aux médecines traditionnelles ? Donnez quelques exemples. Vous pouvez, bien entendu, faire part de vos expériences personnelles dans ce domaine.

Plaisir de Lire...

Ils [les Incas] savaient la secrète vertu de la gomme d'un certain arbre qu'ils appellent mulli, *et les Espagnols* molle, *dont l'effet est merveilleux et presque surnaturel dans la guérison des plaies.*

L'herbe chillca, *chauffée dans une casserole de terre, est admirable pour guérir les douleurs froides des jointures et même les chevaux qui ont les pattes déboîtées. [...]*

Ils se servaient à diverses fins de l'herbe ou de la plante que les Espagnols appellent tabac et les Indiens sairi, *et qu'ils prisaient pour se décharger le cerveau. L'expérience a fait connaître en Espagne plusieurs autres vertus de cette plante, aussi l'a-t-on appelée l'herbe sainte.*

Garcilaso De la Vega, *Commentaires royaux sur le Pérou des Incas*, 1609, Traduit par L.-F. Durand, éditions. Maspero La Découverte, 1982.

LEÇON 14 — ÇA ROULE ! ÇA ROULE ?

OBJECTIFS FONCTIONNELS : Identifier un texte – Repérer le thème général du texte
Comprendre l'organisation d'un document.

LEXIQUE : La voiture, la rue, la circulation, un embouteillage, la pollution.

GRAMMAIRE : Les connecteurs logiques dans le texte argumentatif (1) – Des termes d'opposition.

/// Commentez cette photo. Que voyez-vous sur la photo ? Est-ce que votre ville offre le même « paysage » ?

Vocabulaire 1

- avancer, circuler, passer, rouler, s'arrêter, faire du sur place, encombrer, embouteiller.
- une voiture, la circulation, le passage, un arrêt, un bouchon, un encombrement, un embouteillage, le vélo, la moto, le vélib, l'auto-lib'.

DOCUMENT 1

Sondage

Au début des années 2000, un sondage mené par la SOFRES* pour Europcar* auprès de 5 000 personnes en France, en Allemagne, en Angleterre, en Italie et en Belgique révélait que 63 % des Français et 72 % des Européens étaient d'accord pour qu'on interdise l'accès* du centre-ville aux voitures qui ne sont pas propres. 40 à 60 % d'entre eux préconisaient* comme solution plus écologique aux déplacements urbains, l'emploi de petites voitures de location de faible puissance, moins polluantes parce que plus récentes. Et voilà que depuis le 1er juillet 2017, les véhicules diesels mis en circulation avant le 1er janvier 2007 n'ont plus le droit de circuler dans la capitale entre 8 heures et 20 heures en semaine. Et voilà qu'on a vu apparaître, en 2011, dans l'agglomération parisienne, un service public de voitures électriques en libre-service, Autolib'. La réalité a rejoint les souhaits des sondés.

*SOFRES : Société d'organisation française de recherches et de statistiques.
*Europcar : Société de location de voitures.
*l'accès : l'entrée.
*préconiser : recommander avec insistance.

/// **1.** Dans quels pays a-t-on organisé ce sondage ?

/// **2.** Est-ce que l'interdiction de l'accès au centre-ville concerne toutes les voitures ?

DOCUMENT 2

À vélo dans Paris !

En 2000, une loi a été votée en France qui oblige toutes les villes de plus de 100 000 habitants à avoir un « Plan de Déplacement Urbain » (PDU). Le PDU de Paris avait pour objectif* de diminuer la circulation automobile de 5 % en favorisant le vélo. On a donc tracé de nombreuses pistes cyclables et aujourd'hui, les Parisiens bénéficient d'environ 700 km de ces pistes. La mise en service, le 15 juillet 2007, du Vélib', vélo en libre-service, a permis d'augmenter le nombre de cyclistes qui maintenant concurrencent sérieusement les automobilistes. On compte 5 % d'usagers des vélos. Des vélos verts (Gobee.bike) et jaunes (Obike) ont fait leur apparition. Il s'agissait de vélos en libre-service qui étaient à la disposition des Parisiens sur les trottoirs. On les prenait, on roulait et on les déposait où on voulait. Cela donnait un vrai sentiment de liberté. Malheureusement, à la suite de nombreux actes de vandalisme et de vols, la société Gobee.bike a retiré tous ses vélos.

*un objectif : un but à atteindre.

/// **1.** Tout le monde peut circuler en voiture, soit comme conducteur soit comme passager. Pensez-vous que tout le monde puisse circuler à bicyclette ? Précisez : Qui peut circuler, qui ne peut pas circuler ?

Grammaire 1

• Attention à la conjonction de but : **pour que** + **subjonctif**.
Nous sommes d'accord **pour que** le centre-ville soit interdit aux voitures.

• Attention à la structure suivante :
Ces voitures **sont** moins polluantes parce qu'elles **sont** plus récentes.
Nous avons le **même sujet** dans les deux propositions. Le verbe des deux propositions est « être » + **adjectif** → On peut supprimer le verbe « être » : Ces voitures **sont** moins polluantes **parce que** plus récentes.

EN VOITURE ? À PIED ? À VELO ? EN METRO ?

Peut-on interdire les voitures (polluantes ou non polluantes) dans les centres-villes ? De nombreuses capitales européennes l'ont déjà fait, et avec succès, semble-t-il, en instaurant, par exemple, des péages à l'entrée des villes.

Les arguments apportés en faveur de ce choix sont nombreux et pertinents*.

Tout d'abord, cela permet de lutter efficacement contre la pollution de l'air engendrée* par les gaz des voitures et l'effet de serre qui en résulte. La santé des citadins* y gagne.

En outre, en interdisant les voitures dans le centre-ville on diminue les nuisances* sonores, le bruit et le stress qui l'accompagne. Stress pour les habitants de ces quartiers, stress pour les piétons et même pour les conducteurs des voitures.

Enfin, en réduisant la circulation, on fait gagner du temps aux usagers des villes, puisqu'il n'y a plus d'embouteillages.

On peut vivre ainsi dans une ville plus humaine, plus propre, plus agréable, sans odeurs désagréables.

Mais comment circuler sans voiture ? Les quartiers du centre sont souvent des quartiers où les commerces sont nombreux. Est-ce qu'on ne risque pas de voir ces quartiers se vider et les commerces péricliter* ? Et de fait, les commerçants râlent, se plaignent : « Nos clients ne peuvent plus stationner, plus de places et des amendes de plus en plus lourdes ! On veut que nous mettions la clé sous la porte* et que nous devenions des chômeurs ? Est-ce que Paris va devenir une ville interdite ? »

Par ailleurs, est-ce que les gens âgés, les personnes handicapées, les mères de familles avec des enfants en bas âge pourront circuler à vélo ? Les métros ne sont pas toujours accessibles, les bus pas toujours à l'heure et les taxis rares !

Cette décision de faire de Paris une ville sans voiture se heurtera sans doute à une forte opposition et il faudra, en vérité, beaucoup de temps pour convaincre tous les habitants que la marche à pied, le vélo, le roller et les transports en commun peuvent remplacer avantageusement la voiture.

Source Lesentinelles@.org

Vocabulaire 2

- **pertinent(e)** : sage, sensé(e), intelligent(e).
- **engendrer** : causer, créer, produire.
- **un citadin(e)** *(n. et adj.)* : habitant d'une ville.
- **la nuisance** : ensemble de facteurs (bruits, dégradations, pollutions, etc.) qui sont mauvais pour la qualité de la vie.
- **péricliter** : aller à sa ruine.
- **mettre la clé sous la porte** : partir, déménager.

Grammaire 2

- Attention aux connecteurs logiques de l'argumentation.

Et tout d'abord : marque le début d'une série, ici une série d'arguments = en premier lieu, avant toute chose.
En outre : marque une addition.
Enfin : sert à conclure.
En vérité : assurément, certainement ; renforce une affirmation.
De fait : effectivement.
Par ailleurs : d'un autre côté, d'un autre point de vue.

ACTIVITÉS DE COMPRÉHENSION ÉCRITE SUR LE TEXTE

A. Compréhension globale

/// 1. Toutes les capitales européennes ont interdit le centre-ville aux voitures.

☐ vrai ☐ faux

/// 2. Comment serait le centre-ville sans voitures ?

....

B. Compréhension détaillée

/// 1. Quels sont moyens de transport qui pourraient remplacer la voiture ?

....

/// 2. Qui peut s'opposer à la décision d'interdire le centre-ville aux voitures ?

....

/// 3. Reprenez les différents arguments pour un centre-ville sans voiture.

....

ACTIVITÉS LINGUISTIQUES

• VOCABULAIRE

/// 1. Le mot « stress » est un anglicisme. Quel est le sens précis de ce mot ? Qu'est-ce qu'il traduit ?

....

/// 2. Quel est l'adjectif qui désigne une zone entièrement consacrée aux piétons ?

Une zone ....

/// 3. Expliquez comment sont formés les adverbes : *efficacement* et *avantageusement*.

....

• GRAMMAIRE

/// 1. Présentez trois arguments contre l'interdiction des voitures dans le centre-ville et organisez-les en utilisant des connecteurs logiques :

....

....

....

....

....

....

POUR EN SAVOIR PLUS...

TOUT LE MONDE À VÉLO ?

Le vélo coûte bien moins qu'une voiture et moins aussi que les transports en commun. Il prend peu de place pour circuler et stationner. Il serait bon pour la santé, favoriserait le lien social ; il est silencieux et surtout, il ne pollue pas. Il respecte l'environnement*. Par ailleurs, aux heures de pointe*, il est plus rapide que les voitures qui sont prises dans les embouteillages.

Et pourtant, malgré toutes ces qualités, il ne connaît pas le même succès dans toutes les villes françaises. Ainsi, selon un questionnaire, établi par l'Insee en 2015, sur le mode de transport habituel et principal pour se rendre au travail, seules trois villes voient leurs usagers du vélo dépasser les 10 % : Strasbourg qui arrive en tête avec 16 %, puis Grenoble avec 15,2 %, et enfin Bordeaux avec 11,8 %.

On constate avec étonnement que Paris, qui se bat contre la voiture et pour le vélo, est à la traîne* avec 4,2 % seulement de trajets quotidiens à vélo. Ceci pourrait peut-être s'expliquer par la concurrence très forte du deux-roues motorisé, par l'existence des nombreux transports en commun (métro, bus, tramway) pourtant pas toujours très performants et par « la guerre » quotidienne entre automobilistes, cyclistes et piétons, chacun accusant l'autre de le mettre en danger par une conduite imprudente. Les cyclistes en particulier sont mis en accusation ; ils ne s'arrêteraient pas aux feux rouges, téléphoneraient en roulant, emprunteraient* les trottoirs... ; on a, d'ailleurs, constaté un nombre croissant* d'accidents graves et même mortels... Malgré tout, le vélo arrive en masse à Paris : vélo privé, vélib', etc. La Mairie veut faire de Paris en 2020 la capitale du vélo !

Source *La fédération française du vélo*.

Vocabulaire 3

- **l'environnement** : le milieu. Les choses qui vous entourent. (À ne pas confondre avec l'entourage, qui désigne les personnes qui nous entourent).
- **les heures de pointe** : période où le nombre des voyageurs utilisant un moyen de transport est le plus élevé. Dans le métro, les **heures de pointe** se situent entre 7 heures et 8 heures du matin et entre 6 heures et 7 heures du soir. Vers dix heures ou 11 heures du matin, ce sont **les heures creuses**.
- **être à la traîne** : être en arrière, être en retard.
- **emprunter** : *(ici)* prendre une voie (ou un lieu de passage) réservée à d'autres.
- **croissant(e)** : qui augmente, qui grandit.

Grammaire 3

- **Attention à tous les termes qui marquent l'opposition.**

Cependant : *Les Français aiment le vélo, la voiture reste cependant leur moyen de locomotion favori.*
Pourtant : *Le vélo offre de nombreux avantages, pourtant il reste encore peu utilisé à Paris.*
Malgré tout : malgré cela, quand même. *Les cyclistes sont mal acceptés à Paris, malgré tout, on voit un arrivage massif de vélos dans la capitale.*

PRODUCTION ÉCRITE

/// **1.** Êtes-vous d'accord pour qu'on interdise les voitures dans les centres-villes ? Justifiez votre réponse. Donnez vos raisons.

/// **2.** Quel est votre moyen de locomotion préféré ? Justifiez votre choix.

/// **3.** Marche à pied, vélo, roller ! À qui sont réservés ces modes de déplacement en ville ?

///////////////////////////////// *Plaisir de Lire...* /////////////////////////////////

Venus des quatre coins d'Paris
Vous voilà ce soir réunis
Mesdam' Messieurs, bonsoir à vous
C'est gentil d'être venu chez nous
Chacun du mieux qu'il a pu
À pris un fiacre ou l'autobus.
Certains sont venus en auto
Beaucoup d'autr's ont pris le métro
Moi, je suis venu à pied
Doucement sans me presser
J'ai marché à pied, à pied...

Je suis venu à pied, Paroles et musique de Francis Lemarque.

LEÇON 15

ET TOURNENT LES AILES !

OBJECTIFS FONCTIONNELS : Identifier un texte – Repérer le thème général du texte
Comprendre l'organisation d'un document.

LEXIQUE : Le moulin à vent, le vent, l'air, l'éolienne, une centrale électrique.

GRAMMAIRE : Les connecteurs logiques dans un texte argumentatif (2) – La place du sujet dans la phrase.

/// Commentez cette photo. Que voyez-vous sur la photo ? Des sculptures modernes, des éoliennes, des puits de pétrole ? Cette photo vous plaît-elle ?

Vocabulaire 1

- s'élever, souffler, tourner, donner, produire.
- l'air, le vent, l'énergie, les pales, une hélice, une tour, l'électricité, une éolienne, éolien(ne).

DOCUMENT 1

Luttons contre le changement du climat, luttons contre l'effet de serre !

Essentiellement causé par les énormes quantités de pétrole, de gaz, de charbon qui sont brûlées dans l'atmosphère, l'effet de serre, responsable du changement climatique, représente une grave menace pour la planète. C'est pourquoi de nombreux pays de la communauté internationale ont pris l'engagement* de réduire* leurs émissions* de gaz carbonique en encourageant l'utilisation des énergies renouvelables*.

*prendre l'engagement : promettre.
*réduire : abaisser, diminuer.
*une émission : *(ici)* une production.
*énergies renouvelables *(fem.)* : énergies qui proviennent de sources naturelles qui ne s'épuisent pas (soleil, vent, marée).

/// 1. Qu'est-ce qui provoque le changement climatique ? ....

/// 2. Comment les pays vont-ils lutter contre l'effet de serre ? ....

DOCUMENT 2

Quelles solutions contre l'effet de serre ?

Il faut lutter contre l'effet de serre et ses conséquences catastrophiques. C'est pourquoi, les gouvernants demandent à leurs concitoyens d'adopter une attitude « écologique » en faisant des économies d'énergie ; toutefois, ils se tournent aussi vers la science pour trouver des solutions au changement climatique.
Ainsi, on utilisera de plus en plus les énergies renouvelables :
– l'énergie solaire, qu'on appelle thermique quand elle capte la chaleur du soleil pour chauffer l'eau, ou photovoltaïque quand elle transforme l'énergie solaire en électricité. Mais il faut qu'il y ait du soleil !
– l'énergie hydraulique qui récupère l'énergie des marées, des courants sous-marins, des vagues, des océans pour la transformer en électricité.
– la biomasse qui comprend toutes les matières organiques (bois, plantes, excréments d'animaux) qui pourraient être transformées en sources d'énergie.
– l'énergie nucléaire, énergie propre, mais très discutée.
– Et enfin, l'énergie éolienne* qui transforme l'énergie du vent en électricité. Cette énergie, qui a connu ces dernières années un développement important en Europe, est devenue une priorité* sur le plan national.
En effet, grâce à elle on pourra épargner* des ressources qui peuvent s'épuiser* et créer de l'activité économique et de l'emploi. Mais il faut qu'il y ait du vent !

*énergie éolienne : l'énergie du vent.
*une priorité : un élément qui passe en premier par ordre d'importance, une urgence.
*épargner : économiser.
*s'épuiser : se vider, disparaître.

/// 1. Est-ce que l'énergie éolienne est aussi développée en France que dans les autres pays européens ?

/// 2. Quels sont les trois bénéfices de l'énergie éolienne ?

Grammaire 1

• Attention aux adverbes suivants :

C'est pourquoi : exprime une conséquence qui explique = c'est la raison pour laquelle... *L'effet de serre est un danger pour tous les hommes, **c'est pourquoi** les gouvernements ont décidé d'agir.*
En effet : exprime la cause, une cause détaillée. *Les gouvernements ont décidé d'agir ; **en effet** le changement climatique représente un danger de plus en plus grand pour tous les hommes, pour la planète entière.*
Toutefois : exprime une opposition. *Le danger est grand, **toutefois** on peut trouver des solutions.*

ÉOLE ! ÉOLE ! ÉOLIENNES !

L'énergie éolienne qui utilise la force des vents pour fournir de l'électricité a bonne réputation. Elle fait partie des énergies renouvelables, comme l'énergie solaire par exemple, qui sont appelées à remplacer le pétrole. Et pourtant, elle ne fait pas l'unanimité*. Elle provoque même des discussions assez vives entre partisans et adversaires.

Pour les premiers, c'est une énergie propre qui n'entraîne ni rejet de gaz nuisibles dans l'atmosphère ni déchet* sur la terre. De plus, elle est rentable* dans les régions où le vent souffle souvent et régulièrement et par ailleurs la fabrication des éoliennes peut être source de création d'emplois. Dernier argument, ces éoliennes, disent-ils, se présentent aujourd'hui comme des structures légères et élégantes.

Les seconds reconnaissent, bien sûr, la qualité essentielle de l'énergie éolienne, celle d'être une énergie propre, mais ils reprochent aux éoliennes d'être souvent trop grandes (60 mètres de haut) par rapport à la taille des paysages et très bruyantes (souffle du vent dans l'hélice, grincement du mécanisme). Ils n'oublient pas non plus les effets de l'éolienne sur les oiseaux qui viennent s'écraser sur leur hélice. Enfin, ces structures très hautes peuvent représenter un danger de cassure et donc d'accident pour les hommes.

Les partisans opposeront à ces arguments qu'on peut trouver une solution à tous ces inconvénients ; il n'en reste pas moins que les éoliennes constituent aujourd'hui un sujet de discorde dans beaucoup de régions françaises.

Source *La revue des énergies renouvelables.*

Vocabulaire 2
- **une unanimité** *(fem.)* : l'accord de tous.
- **un déchet** : un résidu, un reste inutilisable et polluant d'une matière.
- **rentable** : qui donne un bénéfice, un gain financier, qui peut rapporter de l'argent.

Grammaire 1
- Attention aux connecteurs logiques de l'argumentation.

Et pourtant : marque l'opposition. *L'énergie éolienne est utile **et pourtant** elle est contestée.*
De plus : marque une addition = en outre. *L'énergie éolienne est une énergie propre, **de plus** elle est rentable.*
Par ailleurs : d'un autre côté, à un autre point de vue. *Les éoliennes sont rentables*, **par ailleurs** elles sont belles.*
Bien sûr : assurément, certes. Ces expressions marquent la concession. On dit qu'on est d'accord pour rejeter ensuite la thèse de l'autre. ***Bien sûr**, c'est vrai, l'énergie éolienne ne pollue pas l'atmosphère, **mais** elle provoque une pollution visuelle et auditive.*

ACTIVITÉS DE COMPRÉHENSION ÉCRITE SUR LE TEXTE

A. Compréhension globale

/// **1.** L'énergie éolienne est :
  ☐ **a)** une énergie qui pollue   ☐ **b)** une énergie propre

/// **2.** Elle fait l'unanimité. Elle est acceptée par tout le monde. Elle n'a que des partisans.
  ☐ vrai ☐ faux

B. Compréhension détaillée

/// **1.** Quels sont les inconvénients du pétrole ?

....

/// **2.** Qu'est-ce qui fait tourner une éolienne ?

....

/// **3.** L'énergie éolienne fait partie des énergies renouvelables. Pouvez-vous citer d'autres énergies renouvelables ?

....

/// **4.** Classez sur deux colonnes les arguments qui semblent être « pour » et les arguments qui semblent être « contre » l'énergie éolienne :

....	....
....	....
....	....
....	....

ACTIVITÉS LINGUISTIQUES

/// **1.** Cherchez dans un dictionnaire le sens du mot « *nuisible* » :

....

/// **2.** Remplacez les adjectifs soulignés par des noms en faisant les transformations nécessaires :
On admire ces structures <u>légères</u> et <u>élégantes</u>.

→ ....

/// **3.** Lisez attentivement le texte et dites qui sont « *les premiers* » et qui sont « *les seconds* ».

....

• GRAMMAIRE

/// **1.** Complétez ce texte par les mots suivants : *certes, donc, enfin, en outre, par ailleurs, (et) pourtant.*

Le pétrole est la principale source d'énergie dans notre monde, ..., mais il pollue en rejetant des gaz dans l'atmosphère ; .... les experts nous annoncent qu'il sera bientôt épuisé. Nous devrions .... chercher à utiliser d'autres sources d'énergie. Ces énergies existent, elles sont renouvelables et .... elles sont propres ; .... la France reste encore loin derrière les autres pays européens dans l'utilisation qu'elle fait de ces énergies.

POUR EN SAVOIR PLUS...

VIVE LE VENT !

Les mots « éolien, éolienne » viennent d'Éole, le nom du maître des vents qui apparaît dans *l'Odyssée* d'Homère et qui aide Ulysse dans sa navigation.

Il y a longtemps que le vent aide les hommes dans leurs différents* travaux. Il fait avancer les bateaux, il fait tourner les ailes des moulins pour moudre* les grains de blé.

C'est vers le XIIe siècle qu'on voit en Europe les premiers moulins à vent qui au début, servaient à remplacer les animaux pour pomper l'eau ou faire tourner la meule. De progrès en progrès, les moulins à vent se sont transformés peu à peu en éoliennes qu'on installe aujourd'hui un peu partout en Europe et dans le monde, comme le montre le tableau ci-dessous. Ces dernières années, l'énergie éolienne a connu un essor* remarquable. Elle a considérablement augmenté sa capacité énergétique. Ainsi, La France, est passée de 69 MW en 2000 à 12 066 en 2016, et a bien rattrapé son retard, même si les éoliennes off shores (en mer) ne sont encore aujourd'hui qu'en projet. Les progressions les plus spectaculaires dans ce domaine sont celles de la Chine (302 MW en 2000) et de l'Inde (1150 MW en 2000). Le chiffre le plus parlant*, peut-être, est celui de la production mondiale en énergie éolienne, qui est passée de 16 617 MW en 2000 à 486 790 fin 2016.

Puissance éolienne installée dans le monde à la fin de 2016 (en MW = mégawatts)

Chine	168 732	Italie	9 257	Japon	3 234
États-Unis	82 184	Suède	6 250	Roumanie	3 028
Allemagne	50 018	Turquie	6 081	Irlande	2 830
Inde	28 700	Pologne	5 782	Belgique	2 386
Espagne	23 074	Portugal	5 316	Total Asie	1 616
Royaume-Uni	14 543	Danemark	5 228	Reste du monde	75 576
France	**12 066**	Pays-Bas	4 328	Total mondial	486 790
Canada	11 900	Australie	4 327		
Brésil	10 740	Mexique	3 527		

Source : WWEA (World Wind Energy Association) et GWEC (Global Wind Energy Council).

Vocabulaire 3

- **différent(e)** : placé avant le nom, et sans article, il signifie : **varié(e), nombreux**.
Placé après le nom il est le contraire de : **même, semblable**.
J'ai visité différentes capitales, j'ai visité de nombreuses capitales, des capitales variées.
- **Mais** : *Les villes européennes sont **différentes** des villes américaines*
= *les villes européennes ne sont pas comme les villes américaines.*
- **moudre** : écraser des grains avec une meule.
- **prendre son essor** : *(ici)* s'envoler, se développer.
- **parlant** : qui en dit plus, sans commentaire.

Grammaire 2

- Attention : l'ordre habituel de la phrase française est : *sujet, verbe, complément*. Le sujet est placé **avant** le verbe. Mais, il arrive parfois que le sujet soit placé **après** le verbe (cf. p.34, Grammaire 3). Voici deux exemples.

1- Quand la phrase commence par un complément de temps :
*C'est **vers le XIIe siècle** qu'apparaissent les premiers moulins à vent.*
On peut dire aussi : *C'est vers le XIIe siècle que les premiers moulins à vent apparaissent.*

2- Après une conjonction de comparaison :
*On installe des éoliennes un peu partout en Europe et dans le monde **comme le** montre le tableau ci-dessous.*
On peut dire aussi : *On installe des éoliennes un peu partout en Europe et dans le monde comme le tableau ci-dessous le montre.* (La phrase est moins élégante du point de vue du rythme).

PRODUCTION ÉCRITE

1. Quelles sont les deux formes d'énergie solaire ? Montrez leurs avantages et leurs inconvénients. (Consultez Internet).

2. Êtes-vous pour ou contre les éoliennes ? Justifiez votre réponse.

3. Observez le tableau ci-contre (p. 112) : que pensez-vous de la place de la France et de votre propre pays dans ce tableau ? Si votre pays n'y figure pas, renseignez-vous.

Plaisir de Lire...

Vent frais, vent du matin
Vent qui souffle au sommet des grands pins
Joie du vent qui souffle
Allons dans le grand vent frais
Vent du matin

Vieille chanson française.

AUTO ÉVALUATION

Maintenant, vous savez…

/// Repérer le but d'un document

Exercice 1 :

Écrasez votre cigarette avant qu'elle ne vous écrase ! En effet, une cigarette, c'est six minutes de vie en moins. Pourquoi ? Parce que la cigarette accélère les battements de votre cœur, qu'elle bouche vos vaisseaux, qu'elle encrasse vos poumons. Donc, si vous ne voulez pas voir votre vie partir en fumée, éteignez votre cigarette !

Ce document veut prouver :

☐ **a)** qu'il est possible et même facile d'arrêter de fumer si on le décide.
☐ **b)** que fumer n'est pas bon pour la peau.
☐ **c)** que fumer raccourcit l'espérance de vie.

Exercice 2 : *Relevez les connecteurs logiques de ce texte.*

....

Exercice 3 : *Quels sont les autres moyens utilisés pour convaincre ? Observez les formes verbales, les pronoms personnels, les adjectifs possessifs.*

....

Bonnes réponses : 5 points

....

/// Découvrir le déroulement d'une argumentation

Exercice 4 : *Lisez attentivement ce document…*

Il est essentiel, pour la satisfaction de tous, de construire de plus en plus de pistes cyclables. Pourquoi ?
Tout d'abord, parce qu'en assurant aux usagers une plus grande sécurité, on leur permet d'abandonner la voiture au profit de la bicyclette et ainsi de voir diminuer la pollution de l'air.
Ensuite, en multipliant le nombre de cyclistes, on diminue les nuisances sonores. Plus de moteurs pétaradants, plus de klaxons, plus de coups de frein bruyants.
Enfin, on offre à ceux qui le désirent un terrain de pratique sportive quotidienne.

...Et cochez les 4 raisons qui justifient, dans le document, la construction des pistes cyclables.

- ☐ **a)** le plaisir de la promenade
- ☐ **b)** la rapidité des déplacements
- ☐ **c)** la sécurité
- ☐ **d)** la possibilité de rouler loin des autobus
- ☐ **e)** la diminution de la pollution
- ☐ **f)** la diminution du bruit
- ☐ **g)** la possibilité de faire de l'exercice

Exercice 5 : *Relevez les connecteurs logiques qui permettent de suivre le raisonnement.*

....

Bonnes réponses : 3,5 points

/// Découvrir les « pour » et les « contre »

Exercice 6 : *Lisez attentivement ce texte et replacez correctement les expressions et les mots suivants :*
de plus, donc, en effet, pour les uns, pour les autres.

Que penser des médecines alternatives ou « douces » ? Deux thèses s'opposent : ...., ce sont des médecines qui soignent le corps avec douceur sans les effets secondaires parfois gênants des médicaments que la médecine officielle prescrit ; ...., elles le font avec efficacité. ...., cette efficacité n'est pas prouvée. Aucune étude scientifique n'a démontré que ces médecines agissaient sur des maladies graves, ..., même si les patients semblent satisfaits c'est parce que, dans la plupart des cas, ces médecines ne soignent que des maladies sans gravité qui apparaissent et disparaissent souvent spontanément. ...., on peut penser que cette efficacité, si elle existe, ne peut être que limitée.

Bonnes réponses : 2 points

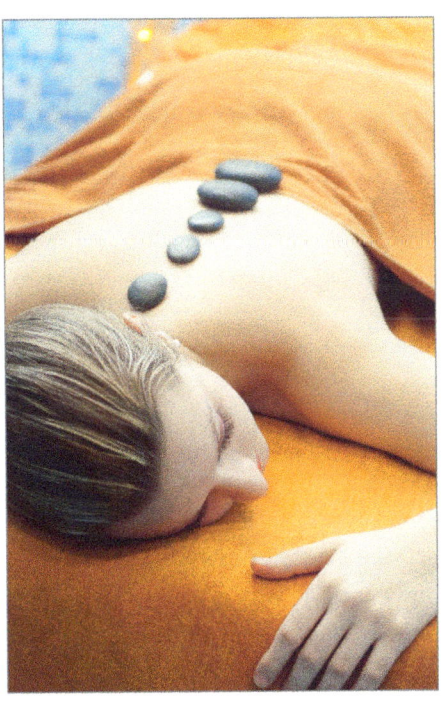

/// Trouver les points essentiels d'une argumentation

Exercice 7 : *Résumez en quelques mots le document suivant.*

De nombreux écologistes se battent pour que les énergies propres, les énergies qui ne polluent pas l'atmosphère (énergie solaire, énergie éolienne, énergie hydraulique), remplacent peu à peu l'énergie atomique et l'énergie fossile (l'énergie produite par le pétrole ou le charbon). Ils démontrent que les énergies fossiles entraînent le réchauffement climatique ; ils affirment que la planète est en danger et qu'il faut prendre dès maintenant les mesures nécessaires si on ne veut pas voir se produire une catastrophe planétaire.

Bonnes réponses : 4 points

/// Comprendre ce qui est dit

Exercice 8 : *Reliez un élément du groupe A à un élément du groupe B de manière à obtenir des phrases logiques.*

A. 1) Bien que les éoliennes ne provoquent plus de véritable opposition,
   2) On dit que les médecines douces sont inefficaces,
   3) Tout le monde sait que la voiture pollue,

B. a) et pourtant les patients sont satisfaits.
   b) mais personne ne veut l'abandonner.
   c) on en voit encore très peu dans le paysage.

Bonnes réponses : 1,5 points

/// Reconnaître le vocabulaire de l'argumentation

Exercice 9 : *Chassez l'intrus.*

Admettre, approuver, convaincre, démontrer, explorer, prouver, réfuter, décider.

Bonne réponse : 1 point

/// Reconnaître le vocabulaire de l'opposition, de la concession

Exercice 10 : *Chassez l'intrus.*

Après, certes, cependant, mais, pourtant, toutefois.

Bonne réponse : 1 point

/// Repérer les termes qui appartiennent au même domaine

Exercice 11 : *Associez les mots qui vont ensemble.*

1. médecine   a) pollution et bruit
2. éolienne   b) ville
3. citadin   c) soins
4. nuisances   d) vent

Bonnes réponses : 2 points

COMPTEZ VOS POINTS.
Vérifiez les bonnes réponses dans le corrigé à la page 124.

→ **Vous avez plus de 15 points** : C'est magnifique ! Vous finissez en beauté cet ouvrage. Prêt(e) pour la suite ?

→ **Vous avez entre 15 et 10 points** : Bien, bien, bien !

→ **Vous avez moins de 10 points** : Ce n'est pas grave, mais attention, vous devez revoir certaines notions, certaines règles. Lisez et relisez les textes, utilisez le dictionnaire si vous ne comprenez pas tout et bon courage !

BILAN FINAL

/// LEXIQUE ..../10

1- *Les mots soulignés sont « tronqués », réduits. Donnez le mot entier.* .../3 points *(0,25 par réponse correcte)*

Exemple : *Utilisez vos dicos* → *vos dictionnaires.*

   a) Notre prof de géo n'est pas très sympa cette année. → ....
   b) Si tu veux, on dîne au resto et après, on pourrait aller au ciné. → ....
   c) Non, il y a un film extra à la télé ce soir. On dîne à l'appart. → ....
   d) J'ai pris le bus mais avec les manifs, ça n'avançait pas. → ....
   e) Demain, j'ai rendez-vous à l'hosto pour une radio des poumons. → ....

2- *Regroupez ces noms en deux catégories : monde de l'entreprise/monde de la musique.* .../2 points

un atelier – un auditorium – un bâtiment – un concert – une construction – la fabrication – une industrie
une manufacture – un musicien – un orchestre – un récital – une symphonie – un ténor – une usine

3- *Parmi ces mots, deux sont des intrus. Lesquels ?* .../1 *(0,5 par bonne réponse)*

un amant – un amateur – une amende – un ami – amical – un amiral – l'amitié – un amour
une amourette – un amoureux

4- *Le mot « une aile » peut avoir plusieurs sens. Proposez-en au moins deux :* .../1 *(0,5 par bonne réponse)*

– ....
– ....

5- *Reliez les mots ou expressions contraires.* .../3 points *(0,25 par réponse correcte)*

   1) à la hâte   **a)** distancé
   2) lugubre   **b)** sombre
   3) ancien   **c)** récent
   4) humble   **d)** lentement
   5) hors de prix   **e)** semblable
   6) proche   **f)** orgueilleux
   7) lumineux   **g)** libre
   8) chaotique   **h)** bon marché
   9) talonné   **i)** ordonné
   10) attentif   **j)** joyeux
   11) captif   **k)** lointain
   12) différent   **l)** distrait

/// GRAMMAIRE .../20

1- *Dire, conseiller ou proposer à quelqu'un de faire quelque chose* .../3

Trouvez trois manières différentes de dire à quelqu'un :

A. de ne pas parler si fort au téléphone dans le bus.

a) ....
b) ....
c) ....

B. que ce serait plus raisonnable de prendre rendez-vous chez le médecin.

a) ....
b) ....
c) ....

C. que ce serait sympa d'aller faire un petit voyage à la campagne.

a) ....
b) ....
c) ....

2- *Mettre ces phrases à la forme négative.* .../2

a) À ta place, je prendrais le train → ....
b) Il est allé la voir ? → ....
c) Je pourrai venir dimanche matin. → ....
d) La viande, achète-la au supermarché → ....

3- *Quelle est la différence de sens entre ces deux phrases ? Proposez une forme équivalente avec vos propres mots.* .../2

Vous ne pouvez pas répondre à cette lettre. → ....

Vous pouvez ne pas répondre à cette lettre. → ....

4 - *Dans ce texte, conjuguez le verbe au passé composé ou à l'imparfait.* .../5

Quand Lucas (arriver) .... à Moscou, il (faire) .... très froid. Il (neiger) .... et on ne (voir) .... pas à dix mètres devant soi. Et dire qu'à Nice, la veille, il (faire) .... presque 20 degrés ! Le train (ralentir) .... puis (s'arrêter) .... doucement. Les gens (se précipiter) .... pour descendre. Lucas (avoir peur) .... que Macha ne soit pas là. Mais si ! Elle (être) .... là, sur le quai. Elle (porter) .... un manteau de fourrure et une chapka ; elle (être) .... plus charmante que jamais ! Quand elle (voir) .... son cher Lucas, elle lui (sauter) .... dans les bras : elle (être) .... si contente de le revoir après trois mois de séparation. Ils (aller) .... dans un café pour se réchauffer et (commencer) .... à bavarder, bavarder... Ils (avoir) .... des milliers de choses à se raconter. Finalement, ils (prendre) .... un taxi et (rentrer) .... chez elle.

5- Mettre au passif. .../4

   a) Le secrétariat vous a envoyé votre avis d'admission le 14 juin → ....
   ....

   b) Cette université ne reconnaît pas les diplômes de ce pays → ....
   ....

   c) Le propriétaire vous rendra votre caution le jour de votre départ → ....
   ....

   d) L'avocat a invoqué les circonstances atténuantes pour expliquer le crime de son client → ....
   ....

6- Dans les phrases suivantes, quelle est la relation logique ?

concession – cause – conséquence – but – condition – hypothèse. .../4

   a) Si tu réussis ton permis de conduire, tes parents t'offriront une voiture.
   b) Il est arrivé en retard parce qu'il n'a pas entendu sonner son portable.
   c) Elle étudie le chinois depuis dix ans et pourtant, elle le parle toujours très mal.
   d) Il faudrait supprimer les voitures dans le centre des villes pour faire baisser la pollution atmosphérique.

7- Observez bien cette photo et décrivez-la en huit à dix lignes. .../10

....
....
....
....
....
....
....
....

Total général ..../40

CORRIGÉS DES EXERCICES

UNITÉ 1

LEÇON 1
Page 9
Ouverture : quatre images qui ont toutes un rapport avec l'apprentissage du français ; des dictionnaires, un article de dictionnaire, des inscriptions sur un tableau noir, des éléments et un dessin humoristique qui encourage à l'enseignement pour « tousse », avec une faute sur ce mot, qui s'écrit normalement « tous ».

Page 10
Document 1
1. Tout ce qui permet de retrouver une chose, une marque.
2. Un dictionnaire donne le sens des mots, leur définition.
3. Il faut avoir de la patience, de la curiosité.
Document 2
1. – **2.** Émile Littré, né en 1801 à Paris, mort en 1881 à Paris, était l'auteur d'un très célèbre dictionnaire de la langue française (1863-1872) qu'on appelle *Le Littré*.

Page 11
Activités de compréhension écrite
A1 = c) – **A2** = Un professeur. Il connaît toutes les difficultés des apprenants, il a l'expérience des élèves, il a une méthode. **B1** = a) Vous devez utiliser un dictionnaire – b) faire des exercices – c) lire.
Activités linguistiques
Vocabulaire
1. a) l'utilisation d'un bon dictionnaire ; b) la lecture des panneaux publicitaires. – **2.** a) Le professeur a proposé aux élèves de regarder un film en version originale. – b) On nous a conseillé d'utiliser un dictionnaire français-français ; c) C'est mon amie française qui m'a incité à lire des poèmes de Baudelaire. – **3.** une proposition, un conseil, une recommandation.
Grammaire
1. L'ordre : Il faut que..., il est fortement conseillé ; écoutez, lisez, regardez... (l'impératif) – Le conseil : nous vous proposons, vous pouvez utiliser... – **2.** À l'impératif affirmatif, le pronom se place après le verbe, à l'impératif négatif, avant le verbe.

LEÇON 2
Page 14
Ouverture : Photo 1 : des cuisiniers et des cuisinières, penché(e)s sur leurs casseroles remuent des sauces. Il y a là peut-être des chefs et leurs apprenti(e)s. Photo 2 : un cuisinier découpe des légumes. Photo 3 : un cuisinier va se mettre au travail et choisit ses ustensiles. Ce sont des macarons.

Page 15
Document 2
1. Ils souffrent d'obésité parce qu'ils mangent moins de fruits, de légumes, de poisson, (souvent chers) et plus de produits comme les pâtes, les chips, les biscuits, plus économiques mais plus caloriques. – **2.** Dans les deux documents, on met en évidence que les gens les moins riches (chômeurs, étudiants, classes populaires) se nourrissent mal.

Page 17
Activités de compréhension écrite
A1 = c) – **B1** = b) : on se révolte. – **B2** = a), prendre une poire, couper, émincer ; il est préférable d'utiliser... ; évitez le saumon... nous vous déconseillons.
Activités linguistiques
Vocabulaire
1. a) un chef cuisinier ; b) grésiller, l'huile qui chauffe et produit de petits bruits (elle grésille) ; c) grands cuisiniers, habiles cuisinières ; d) 3). – **2.** On entendait le grésillement de...
Grammaire
1. Prenez, pelez, émincez-la, achetez, coupez-en, émiettez-le, ajoutez-y, n'utilisez pas, ne salez pas trop, servez.

Page 18
Pour en savoir plus
1. Non, il préférait les fruits aux pâtisseries.
2. Le dîner.
3. Pour faire des macarons aux amandes pour 6 personnes : battre 2 blancs d'œuf en neige, ajouter 130 gr. de sucre en poudre, 180 g. d'amandes moulues et 1 cuillère à café de cannelle. Déposer à l'aide de 2 cuillères, de petits tas de ce mélange, sur une plaque du four recouverte d'un papier sulfurisé, faire cuire à four moyen pendant 10 min environ. – **4.** François Rabelais, né près de Chinon en Touraine en 1494, mort à Paris en 1553, a été moine, médecin, écrivain. Il est l'auteur de plusieurs ouvrages dont les plus connus sont *Pantagruel* (1532) et *Gargantua* (1534), récits de voyage et d'éducation où les deux héros, des géants, symbolisent l'homme au savoir encyclopédique.

Page 19
Production écrite
1. Votre enfant ne sera pas obèse si vous lui offrez le matin un petit déjeuner équilibré (fruits, yaourt, tartine), un déjeuner riche en protéines et vitamines, un dîner léger. Évitez les sucreries, bonbons, biscuits industriels.

LEÇON 3
Page 20
Ouverture : Le texte de cette publicité insiste sur la disponibilité de la banque, la banque est au service du client nuit et jour grâce à Internet.

Page 21
Document 1
1. b) Il essaie de persuader le client. Ce texte utilise une forme hypothétique : vous souhaitez... ? = si vous souhaitez... Il utilise des verbes comme « vous pouvez », « vous pourrez ».

Page 23
Activités de compréhension écrite
A1 = a) – **B1** = Oui, il est préférable de les respecter, ils sont tous utiles. – **B2** = Les deux derniers conseils. – **B3** = Pour pouvoir voter au cours de l'année.
Activités linguistiques
Vocabulaire
1. Une habitation, un logement, un domicile, une adresse. – **2.** c)
3. déménager = quitter son logement, emménager = s'installer dans un nouveau logement, aménager = arranger, décorer.

Grammaire
1. Penser, leur envoyer, faire, le faire, ne pas oublier.

Page 24
Pour en savoir plus
1. *ma.reduc.com, radins.com, tousslesprix.com, Ebay, le Bon Coin.* – 2. Prix plus bas qu'habituellement. – 3. « emprunter... auprès d'une banque est une solution simple pour réaliser vos rêves. Votre banque vous donne un coup de pouce. » – 4. Il concerne tous les étudiants, mais les étudiants étrangers auront besoin d'une caution.

Page 25
Production écrite
Les banques accordent facilement des prêts aux étudiants parce qu'elles espèrent les avoir plus tard, comme clients fidèles.

Autoévaluation 1
pages 26-27-28
exercice 1 : a et c ; **exercice 2** : c) ; **exercice 3** : Par exemple, « Une expérience à l'étranger est toujours un avantage », ou « Comment tirer parti d'un séjour à l'étranger ? ; **exercice 4** : Accomplir toutes les démarches administratives nécessaires et se préparer linguistiquement ; **exercice 5** : Le stage, souvent obligatoire, permet aux étudiants de compléter leur formation universitaire ; ils n'ont pas de salaire, ils reçoivent une indemnité de 3,75 €/heure. Le job d'été permet à des jeunes, de travailler pour gagner de l'argent. Ils sont salariés et reçoivent au moins le SMIC (salaire minimum interprofessionnel de croissance) qui monte à 1498 € par mois, soit 9,88 €/heure. ; **exercice 6** : d) ; **exercice 7** : Apprentissage = un manuel, un index, un dictionnaire, un exercice ; cuisine = une casserole, un menu, un souper, une collation ; finance = un guichet, l'épargne, les intérêts, un prêt. ; **exercice 8** : La banque = déposer, épargner, gérer, verser, emprunter, parrainer ; la cuisine : confectionner, mélanger, préparer, verser, se régaler . (Verser a deux sens différents, faire couler un liquide ou déposer de l'argent, payer) ; **exercice 9** : Ordre = n'oubliez pas de composter votre ticket, éteignez vos portables ; conseil, proposition = voulez-vous..., nous vous invitons... ; **exercice 10** : Ordonner, recommander, inciter, conseiller, proposer, suggérer **exercice 11** : Prendre, y mettre, mélanger, les battre, verser, faire cuire, le sortir, le laisser refroidir.

UNITÉ 2

LEÇON 4

Page 30
Ouverture : **1.** Par exemple : la rue était étroite, grise, triste, sans doute en terre battue. Les maisons avaient un ou deux étages. – **2.** La rue est actuellement plus large, les bâtiments sont de type haussmannien... bien sûr, il y a des voitures partout. – **3.** La Grande Mosquée de Paris, le Jardin des Plantes.

Page 31
Document 1
1. En 1921 – 2. Les appartements sont très chers. Les familles avec plus de deux enfants déménagent en banlieue (de meilleurs moyens de transport Paris-banlieue favorisent l'essor de la « petite couronne » et bientôt de la grande couronne aussi).

Document 2
Jeune, gros/grosse, rouge, court/courte, étroit/étroite, clair/claire, riche, pauvre.

Page 33
Activités de compréhension écrite
A1 = Quelqu'un de plus de soixante ans (cf. la première phrase) – **A2** = Le ton est plutôt positif : il ne regrette pas le Paris des années 60 (qualifié de « sale, gris, triste »). – **A3** = La Tour Eiffel = 1889 ; le musée d'Orsay = 1986 ; la Grande Arche = 1989 ; le musée du Quai Branly = 2006. – **A4** = Renzo Piano (Centre Pompidou) et Ieoh Ming Pei (Pyramide du Louvre). – **B1** = C'est un homme (quand je suis arrivé à Paris). – **B2** = Tout était organisé en faveur de la circulation automobile.

Activités linguistiques
Vocabulaire
1. Un bateau – 2. Naguère (« des quartiers naguère populaires... »).

Grammaire/Stylistique
1. a) Les Parisiens ; b) Les pouvoirs publics + les ouvriers ; c) Les pouvoirs publics, la Mairie de Paris. – 2. Par exemple : l'auteur évoque les changements survenus à Paris depuis les années 60. Le vieux Paris des films d'après-guerre, tout gris, tout triste a disparu. On a démoli les vieux quartiers, ravalé, nettoyé, embelli la ville qui est devenue plus moderne. Ces changements laissent certains nostalgiques.

Page 34
Pour en savoir plus
1. Les rues ont été élargies pour que la police puisse intervenir plus facilement en cas de manifestations. – 2. C'est après 1861 que certains villages comme Montmartre ou Auteuil ont été rattachés à la ville de Paris.

LEÇON 5

Page 36
Ouverture : Les vêtements des gens, en particulier leurs chapeaux.

Page 37
Document 1
1. C'est un grand bâtiment en bois ; sous la halle, il y a souvent un marché. – 2. La Tour Eiffel ! – 3. Les Halles étaient un gigantesque marché alimentaire.

Document 2
1. Ils ont gardé la tradition de l'époque où tous les aliments étaient juste à côté, à portée de la main. – 2. Beaucoup de films hollywoodiens comme *Un Américain à Paris* ; un célèbre film italien (*Touche pas à la femme blanche* de Marco Ferreri) qui se passe aux Halles au moment de leur démolition.

Page 39
Activités de compréhension écrite
A1 = a) Faux (c'est le « Grand Paris » qui a 11 millions d'habitants) ; b) Vrai ; c) Vrai ; d) Faux (<u>une</u> bibliothèque du cinéma (il y en a d'autres) – **A2** = a) et f) – **B1** = C'est un quartier très animé, avec des rues étroites, beaucoup d'activités commerçantes, touristiques et culturelles. – **B2** = Le grand nombre de personnes en un même lieu attirait les voleurs et le soir, les rues se vidaient.

Activités linguistiques
Vocabulaire
1. La canopée = le haut de la forêt, ce qui parvient à recevoir la lumière du soleil. – 2. Par exemple : réaménager, réutiliser, réinsérer, réunifier, réorganiser... – 3. a) quelqu'un qui apprécie la bonne cuisine ; b) coureurs non professionnels ; c) un travail mal fait.

Grammaire
1. a) le réaménagement ; b) la mise en valeur ; c) la réduction ; d) l'amélioration. – 2. a) grâce à (cause positive) ; b) faute de (par

manque de) ; c) à cause de (cause négative) ; en raison de (style administratif, officiel).

LEÇON 6
Page 42
Ouverture : Cette photo montre un bâtiment très moderne, tout en longueur, avec une sphère et une voile ; il est illuminé et il semble flotter sur l'eau.

Page 43
Document 1
1. Louis Renault, né le 12 février 1877 à Paris et mort le 24 octobre 1944 à Fresnes est un inventeur, pilote de course et chef d'entreprise français. Il est le fondateur des usines Renault, un des créateurs de l'industrie automobile.
Document 2
1. L'usine a fermé ses portes en raison des transformations de l'industrie automobile en France et de la situation défavorable de cette usine dans une banlieue embouteillée.

Page 45
Activités de compréhension écrite
A1 = Faux – **A2** = En plein développement, elle est devenue un pôle musical et artistique. – **A3** = Elle accueillera plusieurs autres projets ; centre d'art, cinémas, hôtel, salle multisports. – **A4** = Un lieu de spectacle. **B1** = Sur la Seine, entre Boulogne-Billancourt et Sèvres. – **B2** = Ce mot, désigne ici, le bruit des machines. – **B3** = Non, elle désigne une salle de concert.
Activités linguistiques
Vocabulaire
1. Résonnait – 2. Un paquebot, le fleuve, une voile, une île… 3. En amont, à l'opposé de ce site – 4. À une pointe.
Grammaire
1. S'élèveraient, installerait, donneraient, planterait, créerait, ouvrirait, pourrait, trouverait.

Autoévaluation 2
pages 48-49-50
Exercice 1 : a) Le magasin est une boulangerie ; b) Il écoute de la musique en marchant ; c) Il y a un panneau qui donne la direction du boulevard du Port-Royal (le n° 74 correspond à l'hôpital du Val de Grâce) ; **exercice 2** : Description = depuis le début jusqu'à « ….. tant de rencontres » (imparfaits) – Narration = depuis « Une femme est arrivée… » jusqu'à la fin du texte (passés composés) ; **exercice 3** : Expressions de lieu = sous le Pont-Neuf, au milieu de la Seine, à l'extrémité de la presqu'île, sur la rive droite… – Expressions de temps = le soir ; peu à peu, souvent, au printemps ; **exercice 4** : Par exemple : La population de Paris a atteint son maximum en 1921. Actuellement, Paris ne compte guère plus de deux millions d'habitants, c'est-à-dire le même nombre qu'à la fin du XIXe siècle. Il faut néanmoins préciser qu'il ne s'agit que de Paris intra-muros. L'agglomération parisienne dépasse les dix millions d'habitants. ; **exercice 5** : On ne voit pas le vendeur ; aucun touriste ne montre l'éventaire ; on ne voit pas quelqu'un en train de voler quelque chose ; on ne voit pas la tour Eiffel ; **exercice 6** : Par exemple = La Philharmonie de Paris, œuvre de Jean Nouvel, est un espace consacré à toutes les formes de musique qui se trouve à l'est de Paris dans le Parc de la Villette. Après six ans de travaux, les pouvoirs publics ont inauguré en 2015 cette grande colline d'aluminium surmontée d'une dalle oblique qui abrite 2 400 places de concert, plus de 1 000 m² de salles d'exposition et un vaste espace éducatif. ; **exercice 7** : travaillaient, sortaient, reliait, passaient, donnaient, a changé, fabrique, fait.

UNITÉ 3

LEÇON 7
Page 52
Ouverture : On peut voir l'entrée d'une université assez moderne avec des étudiants qui sortent de cours.

Page 53
Document 1
a) Vrai (il faut attendre deux mois entre chaque passation ; b) Faux (ce n'est pas un diplôme, c'est un simple test) ; c) Faux (valables deux ans).
Document 2
1. Le ton est familier, complice : des étudiants s'adressent à un étudiant – 2. Non, ce n'est pas obligatoire, mais c'est fortement recommandé. – 3. Sans doute un meilleur remboursement pour les soins dentaires, les lunettes…

Page 55
Activités de compréhension écrite
A1 = a), c), e), f) – **B1** = a) et d) (seuls les enfants de <u>diplomates en poste en France</u>).
Activités linguistiques
Vocabulaire
1. Un studio – 2. 1) : a) ; 2) : b) ; 3) : b).
Grammaire
1. a) Un étudiant égyptien a déposé ce dossier… ; b) Le gouvernement accorde les bourses… ; c) On exigera un visa de longue durée. – 2. …a été refus<u>ée</u>…/…a été accept<u>ée</u>. ; b) …ont été obten<u>us</u>… ; c) …ne sont pas oblig<u>és</u>…

Page 56
Pour en savoir plus
a) Faux (environ un tiers) ; b) Vrai ; c) Vrai (9,9 %).

LEÇON 8
Page 58
Ouverture : 1. Elle a l'air de chercher quelque chose dans les petites annonces d'un journal, peut-être un appartement. 2. On peut aussi se renseigner sur Internet (site de colocation, par exemple) ou regarder les petites annonces chez les commerçants du quartier ou dans le hall des universités.

Page 59
Document 1
1. L'offre B (studio calme, 600 euros) peut convenir à la demande D (cherche studio calme 600 euros maximum) – 2. Charmant, adorable, ravissant… mais très certainement petit ; beau, vrai = grand – 3. À louer un studio pas loin de Montmartre, clair, 5e étage, quartier animé, confort possible - grand potentiel 4. a) Faux (<u>près de</u> Montmartre et non à Montmartre) ; b) Faux, « animé » = bruyant ; c) Faux (confort <u>possible</u>) ; d) Faux (si ce n'est pas précisé, c'est qu'il n'y en a pas !).
Document 2
1. Les difficultés de logement à Paris – 2. Le titre E.

Page 61
Activités de compréhension écrite
A1 = Le prix des logements ; trouver une personne qui se porte garant ; la méfiance des propriétaires ; le racisme en général. – **A2** = C'est le point de vue de beaucoup de propriétaires. – **B1** = Le troisième paragraphe. – **B2** = Les jeunes ne sont pas une « race » : le mot est utilisé de manière abusive.

Activités linguistiques
Vocabulaire
1. Quand vous quittez votre logement, le propriétaire doit vous rendre la caution que vous avez versée à votre arrivée.
2. Déplorer, pleurs, implorer, pleurnicher, pleurer // explorer, explorateur, exploration. – **3.** loyal = fidèle, honnête.
Grammaire
1. a) En effet ; b) En effet ; c) Par conséquent. – **2.** 1) : c ; 2) : a ; 3) : d ; 4) : b.

Page 62
Pour en savoir plus
Réponse possible pour la seconde question : Il y a beaucoup plus d'étudiants en premier cycle qu'en deuxième ou troisième cycles./Ils ne sont pas encore assez autonomes.

LEÇON 9
Page 64
Ouverture : 1. C'est un cours dans un amphithéâtre. – Au fond, le professeur, au tableau, explique quelque chose. – **2.** On voit beaucoup d'étudiants prenant des notes sur leur ordinateur.

Page 65
Document 1
1. A 211/A 429 : bâtiment à gauche, 2ᵉ étage et 4ᵉ étage ; B 314 : bâtiment à droite, 3ᵉ étage. – **2.** Dans le Bâtiment A – **3.** Derrière le Bâtiment A, à côté de la Route Nationale 1.
Document 2
1. 14 h/semaine. – **2.** Non : le lundi et le mardi sont très chargés, le jeudi et le vendredi très peu ! – **3.** Il peut y aller le mardi, le jeudi ou le vendredi.

Page 67
Activités de compréhension écrite
A1 = a) Elle se sentait perdue, elle avait l'impression de ne rien comprendre ; b) Elle a trouvé les bâtiments plutôt laids et l'atmosphère un peu chaotique ; c) Elle a compris presque tout dès le premier cours – **B1** = Par exemple, « beaucoup », « terriblement » – **B2** = Tout = les études, le séjour en France... – **B3** = Le fait qu'il y avait d'autres étudiants étrangers comme elle.
Activités linguistiques
Vocabulaire
1. Revenir, retourner – **2.** Compréhensif = quelqu'un qui comprend les autres/compréhensible = possible à comprendre, facile à comprendre – **3.** Parler est plus neutre ; discuter suppose un engagement plus grand des interlocuteurs.
Grammaire
1. Ordre : b), e), c), a), d), f) – **2.** a) Prends ton courage à deux mains ! ; b) Va vers les autres ! ; c) Écoute les conseils de ton copain ! ; d) Décide-toi ! ; e) Continue tes études en France ! ; e) Ne te décourage pas !

Page 68
Pour en savoir plus
1. a) repousser, détourner ; b) appauvri(e) ; c) arriver en fond de liste, arriver le dernier, la dernière. – **2.** Un cadre de vie : l'environnement de quelqu'un (la nature, l'habitat, l'ambiance...) – **3.** Ce sont des villes ni trop grandes ni trop petites et très bien situées : Montpellier au sud et près de la mer ; Grenoble tout près des Alpes.

Autoévaluation 3
pages 70-71-72
Exercice 1 : a) Vrai (cf. la dernière phrase) b) Vrai (en général, ils ne travaillent pas ou travaillent à temps très partiel) ; c) une caution = une garantie (quelqu'un promet de payer à la place du locataire en cas de problème) ; **exercice 2** : Par exemple : Samantha cherche d'urgence deux colocataires pour remplacer celles qui s'en vont. **exercice 3** : a) Faux (« .....est en hausse régulière depuis plusieurs années. ») ; b) Vrai (« avec ou sans titre de séjour ») ; Faux (« ....qui ont souvent un diplôme de didactique du FLE ») ; **exercice 4** : Dans l'ordre : D'abord - bien entendu (idée d'évidence) - également (c'est aussi un document nécessaire) - Ensuite - même si (idée de concession) - En effet (explication). ; **exercice 5** : **1879** : accession (ou arrivée) de Jules Ferry au pouvoir - **1881-1882** : vote sur les lois scolaires – **1885** : démission de Jules Ferry - **1887** : échec à l'élection présidentielle – **1889** : échec (ou défaite) aux élections législatives – **1893** : mort (ou décès) de Jules Ferry. ; **exercice 6** : a) La politique coloniale de Jules Ferry provoque beaucoup de critiques. Il doit **donc** démissionner en 1885. – b) La politique coloniale de Jules Ferry provoque beaucoup de critiques. **Par conséquent**, il doit démissionner en 1885. – c) Il doit démissionner en 1885 **en raison de (à cause de/à la suite de)** ses positions colonialistes qui provoquent beaucoup de critiques. – d) Ses positions colonialistes provoquent beaucoup de critiques, **ce qui l'amène (le contrant, l'oblige, le force)** à démissionner en 1885. Ou **ce qui entraîne** sa démission en 1885.

UNITÉ 4
LEÇON 10
Page 74
Ouverture : Ce jeune homme est un voyageur qui vient sans doute de loin et qui se trouve dans un pays qu'il ne connaît pas. La carte qu'il tient à la main l'aidera à trouver un itinéraire. Il va sans doute monter dans ce train qui n'est pas très moderne pour aller vers des endroits exotiques.

Page 75
Document 1
1. Ils rêvaient d'aventures, d'exotisme, de lointain.
Document 2
1. C'était un symbole à la fois monarchique et colonial et le pays était devenu une république indépendante.

Page 77
Activités de compréhension écrite
A1 = Par exemple : Première partie = Nicolas Bouvier, le Suisse aux semelles de vent ; Deuxième partie = C'est le voyage qui fait le voyageur. – **A2** = C'est une tonalité mélancolique, désabusée, presque désespérée. – **B1** = Son père exerce une activité sédentaire, il aimerait que son fils parcoure le monde et non les livres comme lui. – **B2** = séjourner – **B3** = voyager est plus sec ; partir sur les chemins est plus romanesque, cela implique une idée d'aventure.
Activités linguistiques
Vocabulaire
1. Partir est neutre/Prendre la route est plus romanesque, cela sent l'aventure – **2.** Un périple est un long voyage avec plusieurs étapes. Dans « périple », il y a aussi l'idée que l'on revient, à la fin, à son point de départ. – **3. Nu**- Autres mots de la même famille : nudité, nudisme, être dénué(e) de...
Grammaire
1. Nicolas Bouvier est né..., il a découvert..., il est parti..., il a effectué..., il a pris la route... – **2.** La Finlande, la Laponie, Ceylan (le Sri-Lanka), la Turquie, l'Iran, l'Afghanistan, l'Inde, le Japon **3.** a) bon ; b) froid ; c) dur ; d) faux ; e) droit ; f) fort.

LEÇON 11

Page 80
Ouverture : C'est un marin. Il participe peut-être à une course en solitaire, le Vendée Globe (on ne voit pas l'équipage) ou il fait peut-être simplement une promenade en mer.

Page 81
Document 1
1. heureux, il aimait cette vie. – **2.** Nous sommes partis, nous avons remonté, nous sommes arrivés, nous avons déchargé, nous sommes repartis, nous avons livré... – **3.** Non, fiable (pas d'embouteillages), compétitif (moins cher que le transport routier) écologique, (4 fois moins de CO_2 que le transport routier), il a progressé ces dix dernières années de plus 6 %.

Document 2
1. Pour l'auteur du Guide du Routard, la difficulté a été de trouver un éditeur. – **2.** Voyager avec peu de bagages, peu d'argent, sans souci.

Page 83
Activités de compréhension écrite
A1 = b) – **A2** = Il était fier et heureux. – **A3** = Non, chacun doit respecter le même itinéraire. – **B1** = Les Sables d'Olonne, en Vendée. – **B2** = Le jour du départ et le jour de l'arrivée. – **B3** = Il a passé 74 jours en mer.

Activités linguistiques
Vocabulaire
1. La voile, les vagues, le golfe, les îles, les côtes, la mer, les icebergs, le cap,... – **2.** Disqualifié = éliminé ≠ qualifié ; disqualification. – **3.** Les Sables-d'Olonne, le golfe de Gascogne, les îles Canaries, l'Australie, l'Antarctique, le cap Horn, le Brésil, le Cap-Vert, les Sables-d'Olonne.

Grammaire
1. Le 6 novembre, Armel Le Cleach a quitté, il s'est retrouvé, il est passé, a franchi, s'est engagé, a repris, il a aperçu, il a affronté, il a longé, et a pris, il est passé, a pris, il est arrivé. Il avait mis...
2. Feuilletant, lisant, bavardant. – **3.** Qu'il était très fatigué, mais heureux.

Page 84
Pour en savoir plus
Texte 1 : **1.** L'Écosse, la Scandinavie, l'Angleterre, le Portugal, le Maroc, l'Algérie, les États-Unis. **2.** Non, il n'était que passager. – Texte 2 : **1.** *Le Tour du monde en 80 jours.* **2.** Il a gagné 29 jours.

Page 85
Production écrite
3. Jules Verne est né le 8 février 1828 à Nantes. Il se marie le 10 janvier 1857 à Paris où il s'était installé dix ans auparavant. En 1861, naît son fils Michel. Entre 1863 et 1876 Jules Verne a écrit ses plus grands chefs-d'œuvre, par exemple, *Cinq semaines en ballon* (1863), *Les enfants du capitaine Grant* (1865), *Vingt mille lieues sous les mers* (1869), *Le Tour du monde en quatre-vingts jours* (1872), *L'île mystérieuse* (1874), *Michel Strogoff* (1876). Il est mort en 1905 à Amiens.

LEÇON 12

Page 86
Ouverture : Elle est à l'aéroport de Paris s'apprête à prendre l'avion pour San Francisco. Elle est habillée légèrement, même si on est en janvier.

Page 87
Document 1
1. Jamais un avion n'a volé si longtemps et surtout, survoler la mer est très dangereux.

Document 2
1. Ce sont deux as de l'aviation, pionniers chacun à sa manière. – **2.** Passionné, courageux, homme d'action.
3. Les voyageurs qui, pour la première fois, volent au-dessus des nuages sont émerveillés par la lumière éblouissante et par la pureté de l'air ; même si les voyages en avion sont devenus chose banale, on n'oublie jamais cette première expérience.

Page 89
Activités de compréhension écrite
A1 = Sur leur passion de l'aviation, sur leurs rêves partagés, sur la solidarité nécessaire devant le danger. – **A2** = Le courrier doit passer malgré tous les obstacles, par tous les temps : c'est un impératif absolu ! – **A3** = Ils ont consacré leur vie à l'aviation, ont affronté mille dangers et ils meurent tous les trois aux commandes de leur avion. – **A4** = Il a marché sans s'arrêter pendant cinq jours et quatre nuits dans la neige par très haute altitude. – **A5** = Saint-Exupéry est aussi très célèbre comme écrivain ; Mermoz, qui avait « une beauté d'archange », a multiplié les exploits aériens et est mort en pleine gloire, à 34 ans – **B1** = Un mécanicien. Ce n'est pas très prestigieux. On insiste sur le fait qu'il a commencé au bas de l'échelle, comme ouvrier et a très vite monté les échelons – **B2** = Il n'a pas arrêté de voler et de battre des records de vitesse et d'endurance. – **B3** = Comme un archange, il est d'une beauté céleste et il vit dans le ciel. – **B4** = Tous ses livres ont pour thème les bonheurs, les exploits et les dangers des pilotes d'avion.

Activités linguistiques
Vocabulaire
1. Pendant = durant/lors de ; embauché = engagé ; mourir = disparaître ; le chemin, la route = la traversée/la ligne (aérienne)/la voie ; se réaliser = se concrétiser ; en ce qui concerne = quant à...

Grammaire
1. Dès 1926, l'année suivante, 23 heures, en 1927, en cette même année 1927, en mai 1930, le 13 juin 1930, cinq jours et quatre nuits de marche, en 1933, en 1931, en 1936, en 1940, en juillet 1944, en 1998 – **2.** a) Prendre **par** les sentiments ; b) prendre froid (construction directe) ; c) prendre **à** sa charge ; d) se prendre **de** passion pour... ; e) se prendre **pour** quelque chose ou quelqu'un... ; f) prendre **en** chasse.

Page 90
Pour en savoir plus
Texte 1 : **1.** C'est le premier avion commercial supersonique. **2.** Il y a eu très peu de commandes : trop cher, trop gourmand en kérosène. – Texte 2 : **1.** Non, il est prudent : le marché est en plein ralentissement et Boeing est un concurrent redoutable. **2.** Moyennes (« départ commercial correct »). **3.** Un nouveau moteur + des ailes plus larges + des ailettes au bout des ailes etc.

Autoévaluation 4
pages 92-93-94
Exercice 1 : Je me suis levée, je suis descendue, je suis arrivée (les participes passés construits avec l'auxiliaire « être » qui s'accordent avec le sujet sont au féminin, et à la fin du texte : « j'étais une étudiante... » ; **exercice 2** : Le métro, la station, la rue, le domicile, le soir tard, minuit et demi ; **exercice 3** : Le passé composé (il s'agit d'une suite d'actions) ; **exercice 4** : Des imparfaits pour les commentaires, un plus-que-parfait pour marquer l'antériorité (*avaient organisé*) ; **exercice 5** : b) ; **exercice 6** : Une femme d'une quarantaine d'années, cette mère de famille, la pauvre, la nouvelle millionnaire ; on ne donne pas son nom de famille car on saurait qui elle est et des gens

malhonnêtes intéressés par sa fortune pourraient la retrouver. ; **exercice 7** : le passé composé (*s'est arrêtée, a failli, a oublié, est rentrée, a prévu*) qui montre une suite d'actions ; **exercice 8** : C'est un présent de narration, qui remplace un passé composé, il est utilisé pour donner au lecteur l'impression qu'il assiste en direct à l'action ; **exercice 9** : a)-e)-d)-c)-b) ; **exercice 10** : a quitté, étaient, restaient, a regagné, a commencé, se sont mis, se sont endormis, rêvaient, laissaient/avaient laissé, allaient trouver ; **exercice 11** : 1) : c), 2) : d), 3) : b), 4) : a).

UNITÉ 5

LEÇON 13
Page 96
Ouverture : Cette image cherche à nous faire ressentir tout ce que peuvent apporter les médecines douces : calme, détente, fraîcheur, naturel.

Page 97
Document 1
1. a) Médecine parallèle = médecines douces ; b) un remède = une médication ; c) une médication = un traitement ; d) considérer comme… = traiter comme… – **2.** Par le ras-le-bol du « tout chimique » et l'attitude des médecins classiques.

Document 2
1. a) Le texte ne le dit pas mais c'est sans doute faux (c'est une infirmière qui lui a conseillé d'aller voir un sophrologue) ; b) Vrai (moins énervée) ; c) le texte ne le dit pas mais c'est peut-être vrai (elle a été suivie pendant presque trois mois) ; d) Vrai (je les reproduis chez moi…).

Page 99
Activités de compréhension écrite
A1 = Elle ne valide que ce qui est démontré scientifiquement. – **A2** = Pas tout à fait : elle recommande d'étudier leur efficacité et, si c'est prouvé, de les associer aux traitements classiques (mais non de les remplacer totalement). – **B1** = Non. – **B2** = Un charlatan est un menteur qui fait des promesses qu'il ne tiendra pas ; s'engouer pour quelque chose, c'est se passionner brusquement (et souvent de manière passagère) pour quelque chose. – **B3** = Mettre de l'ordre, légiférer. – **B4** = La seconde formule est moins directe, moins engagée ; elle laisse une place au doute.

Activités linguistiques
Vocabulaire
1. a) méditation ; b) patricien (personne noble chez les Romains). – **2.** Ils conseillent, ils incitent, ils suggèrent fortement.

Grammaire
1. La dernière phrase : Si les médecins ne sont guère favorables à ces thérapies, … – **2.** Par exemple : Les médecins ne sont pas d'accord sur l'attitude à adopter face aux médecines alternatives. Les uns s'y opposent parce qu'ils estiment qu'elles ne sont pas prouvées scientifiquement. Les autres considèrent que cela peut être un complément intéressant aux traitements classiques. L'OMS leur donne raison. En effet, elle recommande d'étudier l'efficacité de ces approches nouvelles et, éventuellement, de les associer à la médecine traditionnelle. Quant aux Français, ils se passionnent pour ces médecines douces !

Page 100
Pour en savoir plus
Pour arrêter de fumer ou diminuer la douleur.

Page 101
Production écrite
1. Par exemple : Depuis le Moyen-Âge, on sait que rire est bon pour la santé. Psychologiquement, rire permet d'oublier ses problèmes : c'est une forme d'auto-défense. Physiologiquement, le fait de rire agit comme un massage respiratoire et cardiaque qui nous aide à évacuer le stress et donc à mieux se porter.

LEÇON 14
Page 102
Ouverture : Les encombrements d'une ville.

Page 103
Document 1
1. En France, en Allemagne, en Angleterre, en Italie et en Belgique. – **2.** Non, elle ne concerne que les voitures qui ne sont pas propres, les voitures polluantes.

Document 2
1. Les personnes âgées, handicapées, les femmes enceintes, les enfants pourraient avoir des difficultés à circuler à vélo.

Page 105
Activités de compréhension écrite
A1 = Faux, de nombreuses capitales, pas toutes. – **A2** = Il serait moins pollué, moins bruyant, moins encombré, plus humain. – **B1** = Transports en commun, vélo, marche à pied, rollers, trottinette électrique… – **B2** = Les commerçants et de nombreux automobilistes.

Activités linguistiques
Vocabulaire
1. Une tension nerveuse qui traduit de l'angoisse, de l'anxiété **2.** Piétonne, piétonnière – **3.** Adjectif + ment. Dans le premier cas, l'adjectif est masculin/féminin ; dans le second cas, on part de l'adjectif féminin (comme dans *heureux, heureusement*).

Grammaire
1. Tout d'abord, cela permettrait de supprimer la pollution. Ensuite, le centre-ville serait plus calme. Et enfin, on perdrait moins de temps dans les embouteillages.

Page 107
Production écrite
3. La marche à pied peut être pratiquée par un grand nombre de personnes, à l'exception des grands vieillards, des tout-petits enfants, et des gens souffrant de grands handicaps. Le vélo aussi peut être pratiqué par de nombreuses personnes à l'exception des personnes déjà citées et de ceux qui ont peur de rouler au milieu des voitures. Quant au roller, il faut être plutôt sportif, jeune, et peu craintif.

LEÇON 15
Page 108
Ouverture : Il s'agit d'un champ d'éoliennes.

Page 109
Document 1
1. L'effet de serre, lui-même provoqué par les émissions de gaz carbonique. – **2.** En favorisant, l'utilisation d'énergies renouvelables (soleil, vent…).

Document 2
1. La France était très en retard en ce qui concerne l'énergie éolienne, mais en quelques années elle a rattrapé ce retard ; elle occupe la 7e place dans le monde pour le nombre d'éoliennes. **2.** Lutter contre le changement climatique, économiser les ressources, créer de l'emploi.

Page 111
Activités de compréhension écrite
A1 = b) – **A2** = Faux – **B1** = Il génère des déchets, c'est une énergie polluante. – **B2** = C'est le vent. – **B3** = Il y a l'énergie solaire, l'énergie hydraulique, la biomasse – **B4** = *Pour* : énergie propre qui ne rejette pas de gaz nuisibles, ni de déchets, elle peut être source de création d'emplois ; *contre* : les éoliennes sont trop grandes, très bruyantes, dangereuses pour les oiseaux et peut-être aussi pour les hommes en cas d'accident.

Activités linguistiques
Vocabulaire
1. Dangereux, malfaisant, dommageable (≠ bénéfique).
2. On admire la légèreté et l'élégance de ces structures.
3. Les premiers désignent les partisans des éoliennes ; les seconds sont les adversaires.

Grammaire
1. Certes, par ailleurs, donc, en outre, et pourtant.

Autoévaluation 5
pages 114-115-116
Exercice 1 : c) ; **exercice 2** : En effet, pourquoi, parce que, donc ; **exercice 3** : On emploie l'impératif, on s'adresse directement au lecteur (vous, votre, vos...) ; **exercice 4** : e), f), g) ; **exercice 5** : Tout d'abord, ensuite, enfin ; **exercice 6** : Pour les uns, de plus, pour les autres, en effet, donc ; **exercice 7** : De nombreux écologistes alertent l'opinion sur les dangers liés aux énergies fossiles et se battent pour qu'on les remplace par des énergies renouvelables. ; **exercice 8** : 1) : c), 2) : a), 3) : b) ; **exercice 9** : Explorer ; **exercice 10** : Après ; **exercice 11** : 1) : c), 2) : d), 3) : b), 4) : a).

Bilan final
pages 117-118-119
Lexique
1. a) Notre professeur de géographie n'est pas très sympathique cette année. ; b) On dîne au restaurant et on pourrait aller au cinéma. ; c) Un film extraordinaire/On dîne à l'appartement. ; d) l'autobus / les manifestations ; e) à l'hôpital pour une radiologie. – **2.** Monde de l'entreprise : atelier, bâtiment, construction, fabrication, industrie, manufacture, usine - Monde de la musique : concert, musicien, orchestre, récital, symphonie, ténor – **3.** Sont des intrus = une amende et un amiral – **4.** Une aile de poulet, de canard, d'oiseau, une aile d'avion, l'aile d'un bâtiment, l'aile gauche ou l'aile droite d'un parti politique. – **5.** À la hâte ≠ lentement ; lugubre ≠ joyeux ; ancien ≠ récent ; humble ≠ orgueilleux ; hors de prix ≠ bon marché ; proche ≠ lointain ; lumineux ≠ sombre ; chaotique ≠ ordonné ; talonné ≠ distancé ; attentif ≠ distrait ; captif ≠ libre ; différent ≠ semblable.

Grammaire
1. A. Par exemple : a) S'il vous plaît, vous pourriez parler un peu moins fort ? ; b) Chut, un peu moins fort ! ; c) Vous seriez gentil(le) de parler un peu moins fort, s'il vous plaît. – **B.** a) À ta place, j'irais chez le médecin ; b) Si j'étais toi, j'irais chez le médecin. ; c) Tu devrais peut-être aller chez le médecin.
C. a) On pourrait aller faire un petit voyage à la campagne. ; b) Qu'est-ce que tu dirais d'un petit voyage à la campagne ? ; c) Et si on faisait un petit voyage à la campagne ?
2. a) Je ne prendrais pas le train. ; b) Il n'est pas allé la voir. ; c) Je ne pourrai pas venir dimanche. ; d) Ne l'achète pas au supermarché.
3. Première phrase : c'est impossible que vous répondiez – Seconde phrase : vous êtes libre de ne pas répondre, c'est à vous de décider.
4. Est arrivé, il faisait, il neigeait, on ne voyait pas – faisait, a ralenti, s'est arrêté, se sont précipités, avait peur, elle était là, elle portait, elle était, quand elle a vu, elle lui a sauté dans les bras, elle était, ils sont allés, et ils ont commencé, ils avaient, ils ont pris un taxi, ils sont rentrés.
5. a) Votre avis d'admission vous a été envoyé le 14 juin par le secrétariat. ; b) Les diplômes de ce pays ne sont pas reconnus par cette université. ; c) Votre caution vous sera rendue par le propriétaire le jour de votre départ. ; d) Les circonstances atténuantes ont été invoquées par l'avocat pour expliquer le crime de son client.
6. a) condition ; b) cause/conséquence ; c) concession ; d) but.
7. Par exemple : La photo a été prise au bord de la mer par un beau jour d'été. Le ciel est tout bleu et il fait chaud. Les gens se promènent au bord de la mer, prennent des photos ou admirent le paysage. On voit deux ou trois bicyclettes ; leurs propriétaires sont sans doute sur la plage ou dans l'eau. Les drapeaux tricolores flottent au vent : c'est peut-être le 14 juillet, jour de la fête nationale française.